어쩌다 건물주란 없다

어쩌다 건물주란 없다

2019년 9월 30일 1판 1쇄 발행
2022년 10월 15일 1판 7쇄 발행

지은이 | 오동협
펴낸이 | 양승윤

펴낸곳 | ㈜와이엘씨
　　　　서울특별시 강남구 강남대로 354 혜천빌딩 15층
　　　　Tel. 555-3200 Fax.552-0436
　　　　출판등록 1987. 12. 8. 제1987-000005호
　　　　http://www.ylc21.co.kr

기획 | (주)엔터스코리아 책쓰기브랜딩스쿨

값 14,000원
ISBN 978-89-8401-233-2 03320

* 영림카디널은 ㈜와이엘씨의 출판 브랜드입니다.
* 소중한 기획 및 원고를 이메일 주소(editor@ylc21.co.kr)로 보내주시면, 출간 검토 후 정성을 다해 만들겠습니다.

어쩌다 건물주란 없다

오동협 지음

영림카디널

나는 10년 만에
무일푼에서 건물주가 되었다

만인의 꿈 '갓물주'

갓(God)과 건물주의 합성어인 '갓물주'처럼 한 시대를 풍미한 유행어가 또 있을까? 퇴직을 앞둔 중장년 샐러리맨들은 물론이고 10대 청소년들의 장래희망 중 하나가 건물주라는 사실은 이제 더 이상 낯선 이야기가 아니다. 월세를 받으면서 노후를 편하게 즐기고 싶다는 사람이 점점 많아지고 있는 것이 현실이다.

이러한 시대적 흐름을 반영해 지난 10여 년 동안 건물주의 '천기'를 누설한다는 책들이 무수히 많이 쏟아져 나왔다. 하지만 그 중에는 "○년 안에 꼬마빌딩 건물주가 되는 비법" 운운하며 뜬구름을 잡거나 "이렇게 저렇게만 하면 누구나 건물주가 될 수 있다"면서 교과서적인 방법론을 나열하거나, "나는 ○천만 원으로 시작해 ○○억 건물주가 되었다"는 식의 뜬구름 잡는 성공 사례를 억지 논리로 일반화시키는 책들이 적지 않았다.

또한 절세 노하우를 소개한다고 하면서도 시시각각 변하는 정부의 정책을 제대로 담지 못한 부실 공사 수준의 책들도 많았다. 미래를 전망하고 계획을 세울 수 있게 알려주어야 하는데 과거에 대한 설명에 그치고 마는 책들이 많았다.

이는 꼬마빌딩에 대한 수요가 급증하면서 생겨난 현상이다. 2010년대 초중반은 부동산 시장, 특히 빌딩 시장이 활황이었다. 타고난 금수저가 아니더라도 저금리 대출을 등에 업고 '어쩌다 건물주'가 된 이들이 적지 않았다.

하지만 이제 시대가 변하고, 상황이 달라졌다. 빌딩 매매를 포함한 부동산 경기가 위축되었고, 담보대출은 어려워졌으며, 각종 인터넷 사이트와 웹으로 인해 고급 정보는 소수의 독점이 아닌 대중의 것이 되었다. 돈줄이 막히고 딱히 나만의 정보라고 할 수 있는 것이 없으니 아무나 어쩌다 건물주가 되기는 어려워졌다. 그렇다면, 세상이 달라졌으니 건물주가 되고자 하는 이들을 위한 책 또한 달라져야 하지 않을까?

필자는 〈수학의 정석〉이나 〈성문종합영어〉 같은 참고서를 기억하는 세대다. 우리 때는, 아니 이미 선배 세대 때부터 이 두 권의 참고서는 수험생들의 바이블이었다. 하지만 돌이켜보면 이상과 현실은 엄연히 달랐다. 바이블을 처음부터 끝까지 달달 외웠다고 해서 무조건 SKY 캐슬(서울대, 고려대, 연세대)에 입성할 수 있는 것은 아니었다. 좋은 참고서는 좋은 성적을 내기 위한 필요조건이지 충분조건은 아닌 까닭이다.

위의 참고서로 공부했던 중장년 세대의 동창회를 한번 상상해보자.

영어사전을 한 장씩 찢어 입에 넣어가면서 공부했던 친구는 일찌감치 명퇴를 당한 후 치킨집 사장님이 되었건만, 〈성문종합영어〉를 베개 삼아 잠만 자던 친구는 대기업의 해외 지사장이 되었고, 미적분의 문턱을 넘지 못했던 수포자 친구는 건물주로 변신했다. 그렇게 억지스런 상상은 아닐 것이다.

이들의 대화는 자연스럽게 자녀, 건강, 정치, 노후 대책 등으로 흘러간다. 당연히 부동산 이야기도 빠질 수 없다.

"최근에 어쩌다 작은 빌딩 하나 샀다. 뭐 별 거 아냐. 아주 싼 거야. 작은 거."

"나는 어쩌다 눈먼 매수자를 만나서 가격을 잘 받고 팔았어. 아무것도 모르는 바보더라고."

다 틀린 말이다. 하얀 거짓말이다. 세상에는 수많은 빌딩이 있고 저마다 주인이 있지만 단언컨대 어쩌다 운이 좋아 건물주가 된 사람은 없다. 끊임없이 발품을 팔아서 고르고 고른 끝에, 검토하고 또 검토를 거쳐 매입했을 것이다. 바보 같은 매수자라는 말도 오판이다. 수십억을 투자하는 일을 바보처럼 하는 사람은 없다. 그 빌딩은 틀림없이 가격이 오를 것이다.

물론 금수저로 태어나 어쩌다 건물주가 된 사람들도 있기는 하다. 돈이 남아돌아서 빌딩을 사는 사람도 있을 것이다. 하지만 그렇다고 해서 그들이 꼭 성공한 건물주가 되리라는 법은 없다. 두뇌가 명석하다고 명문대에 입학하는 것이 아닌 것처럼 돈이 많다고 해서 좋은 빌딩을 살 수 있는 것은 아니다. 또한 좋은 빌딩을 보유하고 있다고 해서 무조건 좋은 가격에 팔 수 있는 것도 아니다. 공부를 하지 않는다면 실패한 투자자가 될 것이다.

지금은 건물주도 공부를 해야 하는 세상이다. 잘 알아야 건물주가 될 수 있고, 잘 알아야 보유한 빌딩의 가치를 키울 수 있으며, 잘 알아야 합법적으로 절세하면서 매매할 수 있는 시대가 되었다.

성공한 건물주들은 건물주가 되기 전에도, 보유한 다음에도 그 가치를 키우기 위해 공부를 게을리 하지 않는 사람들이다. 매도를 앞두고는 몇 배나 더 많이 연구하고 공부한다. 그러니 잘 알지도 못하면서 "어쩌다 운이 좋아 건물주가 된 것이지 뭐겠어?"라고 시샘할 일이 아니다. 부러워하기보다는 공부를 해야 한다.

2019년부터 15년 동안 매년 80만 명 이상이 정년퇴직을 한다는 통계가 있는데 당신의 노후설계는 어떠한가? 안타깝지만(?) 수명이 길어지면서 졸업이 뒤로 밀렸다. 공부할 시간도 그만큼 길어졌다는 뜻이다.

간절하면 꿈은 이루어진다

세상에는 무수히 많은 빌딩이 있다. 그중에 주인 없는 빌딩은 없다. 그러니 역설적이게도 당신이 그 주인공이 되지 말라는 법도 없다. 지금 이 시간에도 수많은 빌딩들이 새로 생겨나고 있으며, 30년이 넘은 허름한 빌딩들도 새 주인을 만나 매매되고 있다. 언젠가 당신 차례도 올 테니 건물주의 꿈이 있다면 포기하지 말자.

하지만 제대로 된 방법을 모르면 금전적 손해를 감수해야 한다. 빌딩 투자 노하우는 공부해서 알고 나면 의외로 간단하지만 공부하지 않으면 좋은 빌딩을 남에게 주게 된다. 어렵게 보유한 빌딩도 고가의 애물단지가 되는 법이니 공부를 멈추면 안 된다.

동창회 모임이 끝난 뒤 집으로 돌아오던 A씨는 스스로에게 질문을 던진다.

'다들 노후 대비로 빌딩 하나씩 산다고 하는데 돈이 더 많은 나는 왜 건물주가 못 되는 거야? 내 팔자가 원래 그런가?'

답은 간단하다. 그들은 공부를 했고 당신은 하지 않았다. 그들이 만난 전문가를 당신은 만나지 못했을 뿐이다. 그들이 "어떻게 하면 건물주가 될 수 있나요? 자금이 좀 부족한데 어떤 방법이 있나요?"를 전문가에게 물으며 컨설팅에 귀를 기울이는 동안 당신은 "싸고 좋은 물건이 있으면 나도 한 채 사고 싶지. 그런데 그런 물건이 어디 있나? 내가 자금에 여유가 있긴 하지만 괜히 투자했다가 실패라도 하면 중개업자가 책임질 건가?"처럼 부정적인 회의론에 젖어있던 것은 아닌지 생각해보아야 한다.

그들이 발품을 팔아가며 전문가를 만나고, 현장을 답사하고, 시간을 쪼개가며 부동산 정책을 공부하는 동안 당신은 정부의 부동산 정책을 비난하며 통장의 평잔(평균잔액) 맞추기에만 급급했던 것은 아닌지 진지하게 고민해보아야 한다.

애초에 돈이 없는데 무슨 소리냐고? 물론이다. 돈이 많다면 굳이 이런 책을 읽을 필요가 없다. 전문가를 만나야 한다는 필자의 권유도 새

겨들을 필요가 없다. 전문가는 시간과 돈이 부족한 사람들에게 그 부족함을 채워서 목적한 바를 이루도록 도와주는 사람이다. 시간과 돈을 효율적으로 사용할 수 있도록 도와주는 것, 예를 들면 중요한 체크 사항을 꼼꼼하게 짚어주고, 갈팡질팡하며 결정을 못할 때 확신을 심어주고, 엉켜있는 문제가 있을 때 해법을 제시해주는 사람이 전문가들이다.

공부하기 싫어하는 사람을 억지로 책상에 앉힌다고 해서 1등을 하는 것이 아니다. 빌딩 공부에서 가장 좋은 교재는 본인의 의지다. 전문가는 그 의지를 실행으로 옮길 수 있도록 도와주는 사람일 뿐이고.

〈성문종합영어〉에 실려 있던 명문들 중에서 지금도 기억나는 것이 있다. 흑인 인권운동가 마틴 루서 킹 목사의 "I have a dream"이라는 연설문이다. 제목 그대로 "나는 꿈이 있습니다."로 시작하는 연설인데 이 책의 서두에 어울리는 것 같아 이렇게 인용해본다.

"당신에게 건물주의 꿈이 있습니까? 건물주가 되는 날이 오리라는 꿈을 가지고 있다면 필자가 도와드리겠습니다. 마음껏 꿈을 꾸세요. 절실하게 꿈꾸고 소망하면 언젠가는 이루어집니다. 다만 본인의 노력 없이 얻을 수 있는 것은 아무것도 없습니다."

경험은 거짓말을 하지 않는다

필자도 건물주가 꿈이었다. 무일푼에서 건물주가 되기까지 10년 정도 걸렸는데 돌이켜보면 짧다면 짧고 길다면 무척 긴 시간이었다. 육체적으로 경제적으로 무척 힘들었던 시간 동안 빌딩중개라는 본업을 게을리 하지 않았다. 생활 자체가 빌딩 투자를 위한 공부의 연속이었다. 그런 실전 경험들이 하루하루 자연스레 쌓였고 한 달, 일 년이 모여 10년이 되었고 오늘이 있지 않나 싶다.

군 복무시절 IMF사태가 터지면서 아버님의 사업이 어려워졌고, 건강 악화로 이어져 결국 2000년 3월에 돌아가셨다. 장남으로서의 중압감 때문에 제대 후 복학을 미루고 곧바로 생활 전선에 뛰어들었다. 처음 접해본 사회는 쉬운 곳이 아니었다.

가리지 않고 이런 저런 일을 하며 전전긍긍하다가 의욕을 가지고 빚을 내어 작은 가게를 시작했다. 2년 정도 했지만 경기 악화로 가게를 정리해야만 했다. 다시 원점으로 돌아온 것이다. 정확하게는 몇 천만 원의 빚이 생겼으니 원점은 아니고 마이너스 인생이었다.

큰 인생 경험이라 생각했지만 그 여파는 매우 컸다. 살던 원룸을 정리하면서 보증금으로 빚을 갚았지만 턱없이 부족했다. 그리고는 1년 반 정도 숙식이 제공되는 중국집에서 배달을 시작했다. 중국집을 그만두고 고시원으로 숙소를 옮긴 후 낮에는 도시락 배달을 하고, 밤에는 가라오케 웨이터를 했다. 이것도 1년 반 정도 했다. 그렇게 나의 20대 후반은 빚 청산과 함께 사라졌다.

5~6년을 보낸 후 정신을 차려보니 어느덧 서른 살이 넘어있었다. 처음 만나는 누군가에게 번듯한 명함을 내밀고 싶어졌다. 그때 눈에 들어

온 것이 부동산 영업이었다. 사업을 하신 아버지의 영향 때문인지 정해진 월급을 받는 직장인보다는 나만의 사업을 하고 싶었다. 부동산에 문외한인 내가 잘 할 수 있을까? 라는 걱정도 있었지만 인생의 새로운 전환점을 찾았던 나에게는 앞뒤를 따질 겨를이 없었다.

2006년 더블유오엔부동산중개(현 원빌딩부동산중개(주)의 전신)에 입사했다. 사장부터 경리까지 7명이 있던 작은 회사에 8번째 직원으로 입사했다. 다행히 좋은 스승을 만나 여러 방면으로 일을 배우면서 입사 전의 걱정은 사라지고 잘 하고 싶은 욕심이 더 커졌다.

당시는 부동산이라고 하면 대부분 아파트를 생각했다. 빌딩 시장은 소수의 임대업자와 중개사만이 거래를 하던 시절이었다. 아파트 시장과는 분리된 그들만의 리그가 따로 있었던 것이다. 돈을 벌려면 그 안에 들어가야겠다고 생각했다. 잘할 수 있다는 자신보다는 열심히 하겠다는 열정만 있었다.

자는 시간을 쪼개면서 일했다. 내가 버린 5~6년의 마이너스를 메우기 위해서 일했다. 언제나 매도자와 매물 생각만 했고, 자나 깨나 매수자와 상권을 생각했다. 그렇게 많은 실수를 거듭하면서 수습사원에서 팀장으로, 팀장에서 임원을 거쳐 2017년에 원빌딩의 2번째 대표가 되었다. 창업자이자 그동안 원빌딩을 이끌어 온 초대 대표이사의 뒤를 이어 회사 운영을 맡게 된 것이다.

이렇게 고객의 빌딩을 중개하면서 내 인생도 바뀌었다. 가족이 거주할 강남의 아파트를 장만했고, 그 후 은행 대출을 받아서 10억 원대 꼬마빌딩의 건물주도 되었다. 너무나 작은 빌딩이기에 건물주라고 말하기도 부끄럽지만 7월과 9월에 재산세를 내고 있으니 건물주가 맞기는 맞는 것 같다.

10년의 도전, 그리고 '건물주' 실현의 성공기

무일푼에서 건물주가 되기까지 10년이 걸렸다. 이제 목표는 3채의 빌딩을 사서 아내와 두 아이들에게 물려주고 은퇴하는 것이다. 필자는 아버지가 갑자기 돌아가셔서 물려받은 재산이 전혀 없었다. 때문에 힘든 20대를 보낸 필자에게는 "내 아이들에게 빌딩을 한 채씩 남겨주고 싶다"는 꿈이 각인되어 있는 것 같다.

그런 꿈이 현실이 되도록 계획을 세우고, 그 계획을 실천하는 구체적인 방법 등을 독자들도 알 수 있게 하는 방법이 없을까? 10년 만에 무일푼에서 건물주가 될 수 있었던 비결을 독자들도 알 수 있게 하는 방법이 없을까? 목표를 정하고 꿈을 꾸는 이들을 도울 수 있는 방법이 없을까? 이것이 이 책을 쓰는 이유다. 현장의 살아있는 경험담을 독자들에게 알려주고 싶었다.

사실 많은 사람들이 빌딩 전문가라 자칭하면서 노하우를 이야기하고 있다. 하지만 과연 그들 중에 실제로 빌딩을 매입해본 경험자가 몇이나 될까? 물에 손을 넣어보아야 뜨거운지 차가운지 알 수 있다. 자기 돈을 직접 투자하지 않고는 절대 느끼지 못하는 것들을 이 책 안에 담았다.

2006년도에 빌딩 매매 시장에 뛰어들어 보니 업계가 매우 폐쇄적이었다. 고급 정보는 그들 안에서만 공유되고 말았다. 일반인들도 빌딩에 대한 정보를 알아야 투자를 고려할 것이고, 정보를 알아야 적당한 가격인지 아닌지 비교할 수 있을 것이 아닌가? 어느 정도는 알아야 분석해주는 전문가의 말을 믿을 것 아닌가?

필자가 매달 〈원매거진〉이라는 소식지를 고객들에게 보내는 것도 같은 이유에서다. 원빌딩 팀장들의 전문적인 칼럼, 최근 꼬마빌딩 시장의 흐름, 세금 상식 등을 담아서 보낸다. 이는 초대 대표 때부터 꾸준히 해오는 서비스로서 고객들의 반응이 좋다. 이 외에도 블로그(http://daseot.com/)와 유튜브(오동협의 빌딩부자) 등을 운영하면서 노하우를 대중에게 공개하려고 노력 중이다.

아마도 2020년은 원빌딩이 제2의 도약을 하는 해가 될 것이다. 급변하는 시장상황에 발맞춰 홈페이지 등 모든 시스템을 재정비하고, 직원들의 역량을 더욱 강화하기 위해 만전의 노력을 기울이고 있다. 그간의 경험을 집대성해 이 책을 집필한 것도 같은 이유에서다.

《어쩌다 건물주란 없다》는 기존의 책들처럼 백화점 식으로 매매 에피소드를 나열하는 것이 아니라 이론과 원칙 중심으로 서술하려고 노력했다. 돈을 아끼면 부자가 되고, 부자가 되면 빌딩을 살 수 있다는 뜬구름 잡기 식의 이론서가 아니라 현장에 들고 다니면서 언제든지 참고할 수 있는 교과서와 답안지가 되기를 원했기 때문이다.

또한 1~2년 주기로 개정증보판을 발행할 계획이다. 〈수학의 정석〉

이나 〈성문종합영어〉처럼 빌딩 매매 관련 서적의 영원한 '레전드'가 되고자 하는 꿈이 있는 것이다. 절실하게 꾸는 꿈은 어떤 식으로든 이루어질 것을 믿는다. 필자가 10년 꾸었던 건물주의 꿈이 이루어진 것처럼….

차례

Part1.

건물주도 배우는 시대
빌딩은 아파트 투자의 훌륭한 대체재

Part 3.

빌딩으로 돈 버는 방법 ①
지역적 상승 요인

상권도 생로병사를 겪는다　197

Part 4.

빌딩으로 돈 버는 방법②
개별적 상승 요인

Part1

•

건물주도 배우는 시대

빌딩은 아파트 투자의 훌륭한 대체재

수익용 빌딩에 대한 투자자들의 관심은 최근 수십 년 동안 한 번도 식은 적이 없다. 부동산 정책에 따라 크고 작은 부침은 있어왔지만 전체적으로 보면 언제나 상승 곡선이었다. 인플레이션이 존재하기 때문에 화폐가치의 하락만큼 실물자산인 부동산의 가격은 오를 수밖에 없다. 땅이나 아파트도 마찬가지 아니냐고 할 수 있겠지만 수익용 빌딩의 경우는 조금 결이 다르다고 할 수 있다.

우선 땅은 신도시 건설이나 고속도로 개통 등 뚜렷한 호재가 있을 때가 아니면 가격 변동이 거의 없는 재화에 속한다. 한번 상승하기 시작하면 그 탄력이 대단하지만 그 한번이 언제 어느 곳일지 쉽게 예측할 수가 없다.

아파트는 어떨까? 아마도 대한민국 국민의 최대 관심사가 아파트일 것이다. 그렇기 때문에 정권이 바뀔 때마다 정책에 따른 변동성이 큰 시장이기도 하다. 정부가 국민들의 주거안녕을 명분으로 과하다 싶을 정도로 시장에 개입하는 것이다. 시장가격이라는 것이 보이지 않는 손에 의해 자연스럽게 형성되고 또 사라지고 해야 하는데 아파트 시장은 그렇지 못하다. 표를 의식한 정치인들의 여론 몰이 수단으로 전락한 느낌이다.

이렇듯 아파트는 정책의 영향을 많이 받기 때문에 정책 리스크도 큰 상품이다. 박근혜 정부의 대출 장려정책으로 활성화된 시장이 문재인 정부의 대출 규제정책으로 침체되었다. 갑자기 과열되게 만들더니 반대로 갑자기 옥죄는 등의 정책 때문에 전 국민을 부동산 투기꾼으로 만든 원흉은 정부라는 생각이 든다.

이 글을 쓰고 있는 2019년 중반기 현재 심심치 않게 '깡통전세' '역전세난' 등의 뉴스가 나오고 있다. 규제강화, 가계대출의 증가로 아파트의 조정은 장기화될 것이라고 예상하는 전문가들도 적지 않다. 가격이 오를 때는 안 산 사람들이 속 쓰리고 내릴 때는 산 사람들이 걱정한다. 그분들이 무슨 죄가 있을까?

하늘의 뜻이 닿아야 가격이 오르는, 심지어 팔아야 돈이 되는 아파트와 달리 빌딩은 임대료라는 월 수익이 나온다. 장기화된 저금리 시대에 빌딩, 특히 꼬마 빌딩만큼 좋은 투자처가 없다. 그 이유를 하나씩 살펴보도록 하자.

과거를 보면 현재와
미래를 알 수 있다

　도대체 어떤 지역이 조만간 핫플레이스가 될까? 어떤 빌딩을 사야 후회하지 않을까? 건물주를 꿈꾸면서 빌딩 투자를 계획하고 있는 투자자들이 주로 던지는 질문이다.

　현재의 부동산 시장이 한 치 앞도 내다보기 힘든 예측 불허의 시장 같지만 따지고 보면 꼭 그런 것만도 아니다. 과거를 잘 살펴보면 현재 부동산 시장의 변동 원인을 찾을 수 있다. 나아가 현재를 직시하면 근미래도 예측할 수 있다.

　이렇게 과거와 현재의 패턴을 분석하면서 한 치 앞이 아니라 두 치 앞까지 내다보는 사람만이 전쟁에서 승리할 수 있다.

　먼저 과거부터 살펴보자. 현재의 빌딩 시장을 이해하려면 우선 2008년도부터 주목해야 한다. 빌딩 시장이 뜨거운 관심을 받게 된 것은 1차적으로 2008년 10월, 글로벌 금융위기 이후부터라고 할 수 있다. 절대적 투자처인 아파트 시장의 붕괴로 투자자들은 아파트 투자의 대체재로서 꼬마빌딩을 찾기 시작했다. 2009년부터 2014년까지 빌딩 시장은 아파트와 다르게 글로벌 금융위기 이전의 가격을 조금씩 회복함은 물론 더 높은 가격으로 상승 중인 투자처였다.

그러다 2014년 7월, 박근혜 정부가 총부채상환비율(DTI:Debt To Income)과 주택담보인정비율(LTV:Loan To Value Ratio)을 완화해주면서 2차 급성장이 시작되었다.

당시 최경환 부총리는 '새 경제팀의 경제정책 방향'을 통해 LTV는 모든 금융권에 70%로 풀어주고 DTI는 수도권과 모든 금융권에 60%로 완화하는 대책을 발표한 바 있다. 이에 따라 한국은행은 2014년 8월부터 금리를 인하하기 시작했다.

높은 전세금을 해결하기 위해 대출을 받아서 아파트를 사라는 정책을 펼친 것이다. 여유가 있는 사람들에게 갭투자를 하라고 신호를 보낸 꼴이었는데, 그 결과 아파트 시장이 회복되기 시작했다. 자연스럽게 5년 동안 아파트에 묶여있던 자금도 움직이기 시작했고, 그 종착지는 꼬마빌딩이었다.

2012년 673조 원 수준이던 단기부동자금이 2017년 1,079조 원까지 증가하면서 서서히 빌딩에 대한 인식이 바뀌어가기 시작했다. 특히 2017년 8.2부동산대책에서 다주택자에 대한 금융규제(투기지역 내에서 주택담보대출을 세대당 1건으로 제한)를 펼치자, 즉 매도 위주의 정책을 펼치자 자금의 여유가 있는 사람들이 상가 건물에 관심을 보이기 시작했다.

묻어두기 식의 장기 투자가 필요한 '땅'이나 정책 리스크가 큰 '아파트'의 대체재로서 꼬마빌딩이 인기를 끌기 시작한 것이다. 여기에 기존 아파트를 팔지 않고도 본인이 거주하는 아파트를 담보로 추가 대출을 받기가 쉬워지자 꼬마빌딩의 인기는 하늘로 치솟았다.

특히 2014년부터 빌딩이라고 표현하기 민망한 꼬꼬마빌딩까지 없어서 못 팔 정도였는데 그렇게 사랑을 받았던 데에는 몇 가지 이유가 있다.

근린생활시설의 이해에서 꼬마빌딩 매입의 시작

우선 이유를 살펴보기 전에 꼬마빌딩의 특수한 상황을 이해할 필요가 있다. 이를 위해서는 근린생활시설(이하 근생시설)에 대한 이해가 선행되어야 한다. 근생시설에 대한 이해가 바로 꼬마빌딩 매입의 시작이기 때문이다.

근생시설이란 주택가와 인접해 일상생활에서 필요한 재화 및 서비스를 제공하는 시설을 말하는데 대부분 꼬마빌딩 임차인들의 활동공간이 이곳이다. 표에서 보는 것처럼 근생시설은 크게 제1종과 제2종으로 나뉜다.

근린생활시설 : 주택가와 인접해 일상생활에서 필요한 재화와 서비스를 제공하는 시설	
제1종 근생시설	제2종 근생시설
①수퍼마켓, 일용품 등의 소매점 : 바닥면적의 합계가 1천m^2 미만인 것 ②휴게음식점, 제과점: 바닥면적의 합계가 300m^2 미만인 것 ③이용원, 미용원, 목욕장 및 세탁소(공장이 부설된 것과 「대기환경보전법」 등에 따른 배	①일반음식점, 기원 ②휴게음식점, 제과점 : 바닥면적의 합계가 300m^2 이상인 것 ③서점: 바닥면적의 합계가 1천m^2 이상인 것 ④테니스장, 체력단련장, 에어로빅장, 볼링장, 당구장, 실내낚시터, 골프연습장, 물놀이형시설(「관광진흥법」에 따른 안전성검사 대상시설에 한함), 그

출시설의 설치허가 또는 신고의 대상이 되는 것은 제외)

④의원, 치과의원, 한의원, 침술원, 접골원, 조산원, 안마원

⑤탁구장, 체육도장 : 바닥면적의 합계가 500m² 미만인 것

⑥지역자치센터, 파출소, 지구대, 소방서, 우체국, 방송국, 보건소, 공공도서관, 지역건강보험조합, 그밖에 이와 비슷한 것 : 바닥면적의 합계가 1천m² 미만인 것

⑦마을회관, 마을공동작업소, 마을공동구판장, 그 밖에 이와 비슷한 것

⑧변전소, 양수장, 정수장, 대피소, 공중화장실, 그 밖에 이와 비슷한 것

⑨지역아동센터(단독주택과 공동주택에 해당하는 것은 제외)

⑩「도시가스사업법」에 따른 가스배관시설

밖에 이와 비슷한 것 : 바닥면적의 합계가 500m² 미만인 것

⑤공연장(극장, 영화관, 연예장, 음악당, 서커스장, 「영화 및 비디오물의 진흥에 관한 법률」에 따른 비디오물감상실, 비디오물소극장, 그 밖에 이와 비슷한 것) 또는 종교집회장(교회, 성당, 사찰, 기도원, 수도원, 수녀원, 제실, 사당, 그 밖에 이와 비슷한 것) : 바닥면적의 합계가 300m² 미만인 것

⑥금융업소, 사무소, 부동산중개사무소, 결혼상담소 등 소개업소, 출판사, 그 밖에 이와 비슷한 것 : 바닥면적의 합계가 500m² 미만인 것

⑦제조업소, 수리점, 세탁소, 그 밖에 이와 비슷한 것 : 바닥면적의 합계가 500m² 미만이고, 다음의 요건 중 어느 하나에 해당하는 시설

• 「대기환경보전법」 등에 따른 배출시설의 설치허가 또는 신고의 대상이 아닌 것

• 「대기환경보전법」 등에 따른 설치허가 또는 신고 대상 시설이나 귀금속·장신구 및 관련 제품 제조 시설로서 발생되는 폐수를 전량 위탁처리하는 것

⑧「게임산업진흥에 관한 법률」에 따른 청소년게임제공업의 시설 및 복합유통게임제공업의 시설(청소년 이용 불가 게임물 제공은 제외)로서 바닥면적의 합계가 500m² 미만인 것과 「게임산업진흥에 관한 법률」에 '다른 인터넷컴퓨터게임시설제공업의 시설로서 바닥면적의 합계가 300m² 미만인 것

⑨사진관, 표구점, 학원(바닥면적의 합계가 500m² 미만인 것만 해당되며, 자동차학원 및 무도학원은 제외), 직업훈련소(바닥면적의 합계가 500m² 미만인 것을 말하되, 운전·정비 관련 직업훈련소 제외), 장의사, 동물병원, 독서실, 총포판매사, 그 밖에 이와 비슷한 것

⑩단란주점 : 바닥면적의 합계가 150m² 미만인 것

⑪의약품 판매소, 의료기기 판매소, 자동차영업소 : 바닥면적의 합계가 1천m² 미만인 것

⑫ 안마시술소, 노래연습장

⑬고시원(「다중이용업소의 안전관리에 관한 특별법」에 따른 고시원업의 시설로서 독립된 주거의 형태를 갖추지 아니한 것) : 바닥면적의 합계가 500m² 미만인 것

제1종과 제2종에 종사하는 임차인들은 주로 우리가 매입하는 빌딩의 지하 또는 1층에 자리를 잡는다. 임차인들의 영업이 잘 되어야 임대료도 밀리지 않고, 다른 예비 임차인들이 들어와 장사하고 싶은 빌딩이 된다는 것은 당연하다. 장사가 잘 된다고 소문이 나면 유사 업종에 종사하는 임차인들이 인근 빌딩에 입점하기도 하는데 그러면 상권이 형성된다.

과거에는 카페상권, 먹자상권, 오피스상권, 패션상권 등이 주를 이루었다. 하지만 시대가 변하면서 특정 종목을 부각한 상권보다는 해당 구역을 의미하는 '골목상권'이라는 말이 주목받기 시작했다. 그리고 골목상권의 부상과 함께 꼬마빌딩도 뜨게 된다.

그렇다면 꼬마빌딩이란 무엇인가? 꼬마빌딩은 말 그대로 작은 빌딩이다. 대로변이 아닌 골목에 주로 위치해 있는 경우가 많은데, 이런 꼬마빌딩들에 근생시설이 입점하면 골목상권이 생겨난다. 즉 골목상권이 바로 근생상권이 된다. 그 과정을 살펴보면 다음과 같다. 먼저 조용한 골목 안 주택가에 근생시설이 하나둘 생기기 시작하면서 상권이 형성된다. 그 결과 주거지역으로서의 쾌적성과 편안함을 잃게 되어 기존 거주자들은 주택을 매도한다. 물론 가격은 조금 오른 상태이다.

반대로 매수자들은 더 많은 수익을 기대하면서 매입에 나서게 되고, 또 다른 근생시설을 만들게 된다. 새로 생긴 가게를 찾아 더 많은 유동인구가 유입되면서 매도자는 더 높은 가격을 제시하고 매수자들은 수익을 좇아 적극적으로 매입하려 한다. 자연스럽게 매매가 활성화되면서 해당 상권의 매매가격이 상승하는 것이다.

매매가 이루어지면 매수자는 용도변경, 리모델링, 신축 등의 물리적인 변화를 통해 새로운 건축물을 탄생시킨다. 그 결과 임차할 수 있는 점포 수는 늘어나고 업종도 다양해진다. 상권이 계속 확장되는 것인데 이런 현상들이 입소문, SNS, 언론 등을 타고 퍼지면서 멀리 있는 고객들도 해당 상권을 찾아오게 된다. 이것이 상권의 형성과 성장의 초기 분위기다.

빌딩은 개별적으로도 중요하지만 그 빌딩이 속해 있는 상권을 함께 보아야 한다. 작은 꼬마빌딩 하나만 가지고는 아무것도 할 수 없다. 꼬마빌딩은 해당 상권의 흥망성쇠와 함께 할 수밖에 없는, 주변의 여러 영향에 따라 변하는 유기체와도 같다. 청소년기를 거쳐 성인이 되기도 하고, 노년기를 거쳐 소멸되기도 한다.

더 자세한 이야기는 뒤에서 다루겠지만 근생시설에 대한 이해가 꼬마빌딩 매입의 시작이라는 것을 인지하고 이 책을 읽는다면 도움이 될 것이다.

꼬마빌딩이 각광받는 이유

최근 수년 동안 투자수요와 여유자금이 꼬마빌딩으로 꾸준히 이동하고 있는 이유를 분석해보면 다음과 같다.

첫째, 다주택자에 대한 규제가 심해지면서 '아파트 대체재'를 찾는 사람들이 많아졌기 때문으로 분석된다.

아직까지 빌딩은 아파트와 달리 여러 채를 가지고 있어도 상대적으

28

로 규제가 덜하다. 때문에 다주택 규제를 피하기 위해 보유하고 있던 아파트를 팔아서 생긴 여유자금으로 꼬마빌딩을 매입하는 추세는 당분간 지속될 것으로 전망된다. 나아가 은퇴한 베이비부머들과 저금리로 인해 신규투자처를 찾는 자산가들의 유입이 증가하고 있다. 아파트보다 정책 리스크 및 변동성이 낮은 안정적인 투자상품이라는 점도 중요한 동인이다.

사실 아파트는 아무리 고가라고 해도 20억~30억 원 수준이지만 빌딩은 최저가가 20억~30억 원이다. 때문에 강남 아파트 한 채 가격과 비슷한 수준의 빌딩을 매매하는 시장이 빠르게 자리를 잡아가고 있는 것이다. 물론 시작점이 다르기는 하지만 천장이 막혀있지 않다는 것이 빌딩 투자의 매력이라고 할 수 있다.

둘째, 2010년대 초반부터 빌딩을 매입한 경험이 없는 초보 투자자들도 손쉽게 접근할 수 있는 시스템, 즉 관리서비스 업체가 많이 생겨난 것도 하나의 이유가 될 수 있다. 컨설팅 등 도움을 받을 수 있는 전문가군이 생겨나면서 시장이 확대된 것이다.

아파트는 소유와 관리가 비교적 명확하게 구분되어 있다. 본인 소유의 아파트를 세입자나 관리사무실이 대신 관리해주고 있는 구조가 일반적이다. 소유주는 재산세만 제때 잘 내면 된다. 나머지는 시스템과 구조가 알아서 해주기 시작한 지 오래다. 2년이라는 계약기간 동안 단 한 번도 집을 들여다보지 않는 집주인도 많아졌다.

반면에 빌딩, 특히 꼬마빌딩은 최근까지만 해도 잡다하게 신경 쓸 일이 많은 재화였다. 청소나 주차 등의 유지관리, 크고 작은 법률 및 세금 문제, 홍수 등의 자연재해로 인한 피해와 보상, 세입자와의 문제에 이르기까지 속 썩을 일이 많았다. 이 같은 이유로 하루가 멀다 하고 현장을 살펴보아야만 하니 스스로를 건물주가 아닌 건물관리인이라고 하소연하는 사람들도 많았다.

불편은 발전을 가져온다. 불편함을 호소하는 건물주들이 많아지자 아파트처럼 전문적으로 빌딩을 관리해주는 업체가 생겨나기 시작했다. 때문에 시설 및 임대차 관리에 경험이 없어도 여유 자금만 있으면 누구나 손쉽게 투자할 수 있는 재테크 상품이 된 것이다.

또한 인터넷, 스마트폰 앱 등의 보급으로 누구나 시세 파악이 가능하다는 점도 빌딩 시장을 확장시키는 요인이 되었다. 일부 중개사들이 그들만의 리그에서 은밀하게 주고받던 정보가 일반 투자자들에게도 오픈되는 세상이 온 것이다. A사나 B사의 정보가 동일한 가치를 가진다면 승부는 서비스의 질에서 판가름 난다.

셋째, 빌딩은 아파트처럼 공동시설이 아니라서 소유주 본인의 의지와 노력으로 가치를 상승시킬 수 있기 때문에 투자 수익을 높일 수 있다는 점도 매력 포인트다.

사실 아파트의 가격 상승은 집주인의 의지나 노력과는 거의 무관하다. 수요와 공급의 시장원리가 자연스럽게 가격대를 형성하는 구조이기 때문이다. 예를 들어 1층과 로열층의 차이는 약간 있을지라도 613동이나 614동의 매매가는 거의 비슷하다. 인터넷 클릭 몇 번이면 가격을 훤히 알 수 있고, 3천만 원을 투자해 인테리어를 바꾸었다고 하더라도 3천만 원 더 받고 매도할 수 있는 것도 아니다.

하지만 빌딩은 다르다. 리모델링 등 건물주가 기울인 노력에 따라

인접한 빌딩끼리도 가격이 다르다. 매매는 물론이고 보증금과 임대료에서도 차이가 난다. 스스로 빌딩의 가치를 상승시킬 수 있어 기대치에 근접한 수익을 얻을 수 있다는 것은 투자에서 매우 중요한 요소라고 할 수 있다. 자고로 빌딩은 논밭의 작물처럼 주인의 발걸음 소리를 듣고 똘똘하게 성장하는 법이다.

넷째, 단독이 아니라 자녀와 함께 공유 지분으로 매입해 사전증여를 할 수 있기 때문에 투자처로 가치가 있다.

빌딩은 아파트처럼 다주택 규제를 받지 않기 때문에 가능한 방법인데, 이런 사례가 최근 증가하기 시작했다. 증여에 대한 사회적 인식이 바뀌면서 공동으로 매입하는 투자자들이 많이 생겨난 것이다. 할아버지부터 손주까지 3대는 물론이고 며느리까지 함께 세테크에 뛰어드는 경우가 이제 더 이상 낯선 풍경이 아니다. 자녀가 성장함에 따라 큰 빌딩을 팔고 작은 빌딩 두 채를 매입하거나 갈아타기 등을 통해 자연스럽게 한 자녀당 빌딩 한 채씩을 물려주기도 한다.

지출을 제하고 남은 임대료는 지분에 따라 공유자 개개인의 통장으로 입금되고 세금도 알아서 각자 내는 방식으로 운용되기 때문에 깔끔하다.

또한 빌딩은 20억 원부터 1천억 원에 이르기까지 가격대가 다양하다. 따라서 자신의 재력에 맞는 빌딩을 골라 잘 운용하면 부자를 더 큰 부자로 만들어주기도 한다. 꼬마빌딩이야말로 부를 확장시키는 초석이라 할 수 있다.

다섯째, 임대는 물론이고 직접 사용이 가능하기 때문에 활용도가 높다는 점도 꼬마빌딩의 매력이다. 법인회사나 성공한 기업가라면 '셋방살이'보다 '내 사옥'을 선호하는 것이 당연하다. 자금력이 있는 회사라면 다달이 사라지는 아까운 임대료 대신 차곡차곡 쌓이는 알토란같은 임대수익을 선택하는 것 또한 당연하다.

실제로 50억 원 이상의 중소형 빌딩을 매입해 사옥으로 쓰고 저층은 카페 등으로 임대를 주는 법인회사들이 많다. 특히 엔터테인먼트 회사들이 이미 오래 전부터 그런 행보를 보여 왔는데 법인의 빌딩 매입에 관한 장단점은 따로 설명할 예정이다.

끝으로 꼬마빌딩의 인기는 언론을 통해 자주 소개되는 연예인들의 성공담 때문이기도 하다. 이제는 꼬마의 수준을 넘어서서 수백억 원짜리 빌딩을 소유한 연예인들이 한둘이 아니다. 그 중에는 어린(?) 아이돌 스타들도 부지기수다.

'그런 친구들도 하는데 나라고 못할까?'라는 생각으로 이어지면서 빌딩 투자가 그렇게 어려운 게 아니라는 인식이 생겨난 것이다. 금수저가 아니라도 꼼꼼하게 공부하면 가능할 수 있다는 인식이 널리 확산된 것도 중요한 이유라고 할 수 있다.

적어도 위의 6가지 요인은 향후 1~2년 안에 쉽게 사라질 것들이 아니어서 빌딩의 인기가 당분간 지속될 전망이다. 그래도 더 정확한 미래를 예측하기 위해서는 과거를 알아야 한다. 이 책을 통해 자주 강조하겠지만 부동산 투자란 현재 시점에서 미래의 가치에 투자하는 것이기 때문에 과거를 공부할 필요가 있다. 과거 없는 현재, 현재의 영향을 받지 않는 미래란 있을 수 없다.

최근 빌딩시장
동향

　강남역 사거리와 압구정 로데오거리, 광화문, 홍대 같은 서울 시내 거대 상권에서 연남동, 성수동 등지의 동네 상권이 등장하며 세를 불려 나가기 시작한 것이 2015년이었다. 이 해는 빌딩 시장이 거대 상권에서 지역별로 세분화되는 본격적인 시점이었다고 할 수 있다. 따라서 빌딩 시장의 최근 동향을 2015년부터 분석 시점으로 잡아 설명해보겠다.

2015~2016년 : 연트럴파크와 성수동의 부활

　2015년 빌딩 시장을 살펴보면 특징은 크게 3가지였다.
　첫째, 강남구 중소형 빌딩의 거래가 활발하던 시기였다. 우선 그 당시는 유동성이 풍부한 시기였다. 2014년 7월에 시행된 DTI 70% 확대를 계기로 아파트 매도를 통해 5억~10억 원 정도의 자금을 확보한 사람들이 이듬해부터 강남의 중소형 빌딩 시장에 진입하기 시작했다. 기존 보유자금과 대출을 통해 20억~30억 원대 빌딩의 매매가 활발해질 수 있었던 것이다.

또한 당장은 여력이 없지만 자금회전력이 좋고 신용이 높다면 총 매입액의 20~30% 정도만 있어도 빌딩주가 될 수 있었다. 그렇게 2015년은 너도나도 빌딩을 사겠다는 매수자들이 넘쳐나기 시작한 해였다.

원빌딩 자체 조사에 따르면 2015년 당시 거래 건수 1,758건 중에서 30억 원 미만 빌딩이 59.21%에 달했다. 전체 시장을 놓고 본다면 강남구의 부동산 거래량은 서울시 전체의 21.21%로서 1위였고 강남 3구와 용산구, 성동구, 마포구 등 상위 6개 구의 거래건수는 54%에 달했다.

둘째, 특히 마포구의 거래가 주목거리였다. 마포구의 인기는 공항철도 개통도 한몫을 했지만 경의선 숲길의 힘이 컸다. 마포구 연남동에서 용산구 효창동까지 이어진 6.3km의 옛 경의선(용산선) 폐철길을 경의선 숲길로 조성해 6월에 오픈했는데 그중에서도 연남동 구간(1.3km)이 뜨거운 주목을 받았다.

사실 연남동은 서울 시내 최고의 상권 중 하나인 홍대 영향권 안에 있었지만 낙수효과를 기대할 정도는 아니었다. 당시만 해도 기사식당과 작은 빌라가 많은 지역이었다. 맛집이 몇 곳 있었지만 소수의 미식가들 사이에서만 알려진 수준이었다. 하지만 경의선 숲길 조성이 끝나갈 무렵 상황이 달라지기 시작했다.

홍대의 비싼 임대료에 밀려온 작은 카페와 식당들이 하나둘씩 단독주택을 근생시설로 용도변경하면서 문을 열었다. 순식간에 거리 분위기가 달라지기 시작했다. 잔디가 깔린 공원의 등장으로 연트럴파크(연남동

+센트럴파크)라는 별명이 생기면서 인기가 급상승했다. 걷기 좋은 길로 주목받으면서 젊은이들의 유입이 급속도로 증가했다.

이로 인해 상권은 주거지에서 근생지역으로 바뀌기 시작했다. 꼬마빌딩이라고 말하기 힘든 꼬꼬마빌딩의 시대가 온 것이다. 주택을 근생시설로 바꾸는 리모델링 공사현장을 쉽게 찾아볼 수 있는 지역이 되면서 꼬마빌딩의 인기도 덩달아 상승하기 시작했다. 특히 옥상을 루프탑으로 활용할 수 있는 빌딩은 인기만점이었다. 주지하다시피 마포구 연남동의 인기는 지금도 지속되고 있다.

셋째, 2015년은 성수동의 부활이 시작된 해였다. 서울숲이 낙후된 성수동을 되살리는 구세주로 자리잡았고, 2011년 여름부터 입주를 시작한 주상복합아파트 갤러리아포레의 인기도 빛을 발하기 시작했다.

지금이야 성수동 상권을 성수역 상권과 뚝섬역 상권으로 나누지만 그 당시엔 뚝섬역이 하나의 독립된 상권으로 얼굴을 내밀기에는 미약했다. 그러다 영화배우 원빈이 2014년에 뚝섬역 라인의 대명사인 아뜰리에(atelie)길에서 21억 원짜리 꼬마빌딩을 매입하며 주목 받기 시작했다. 사실 당시까지만 해도 원빈의 투자 행보는 낯설었다. 지금이야 워라밸이라는 단어가 일상어처럼 쓰이면서 공원을 중심으로 한 근생상권이 각광받고 있지만, 몇 년 전까지만 해도 뚝섬이 그렇게 발전하리라고는 미처 생각하지 못한 것이다. 그 무렵에 투자를 고려할 때는 역세권이 중요했지 '숲세권(숲과 역세권을 합친 신조어)'이 시선을 끌지는 못했던 것이다.

그 때문에 성수동 상권은 인근의 건대입구역 상권에 밀려 주목을 받지 못하고 있는 상황이었다. 공장지대라는 편견이 쉽게 사라지지 않았기에 임대료도 상대적으로 저렴했다. 이 때문에 예술가들이 모여 공방이나 작업실을 차리기 용이했다. 이때 수제화의 부활을 꿈꾸는 젊은 디자이너들이 성수동을 드나들기 시작했고, 서울숲에 왔다가 인근의 특색 있는 카페와 식당을 방문하는 사람들이 늘어나면서 성수역과 뚝섬역 상권의 이미지도 점차 달라졌다.

결국 2015년부터 성수동에서 꼬마빌딩 거래가 늘어나기 시작했다. 특히 아뜰리에길의 거래가 눈에 띄게 급증했다. 십수 년 동안 발전이 없는 지역의 특성 때문에 거래 자체가 드물었던 길인데 꾸준히 증가했다. 참고로 뚝섬역 상권에 대해서는 따로 설명할 예정이다.

2016년도 빌딩 시장은 4가지 특징이 있었다.

첫째, 망원동, 당인리, 연남동, 성수동의 지가 상승이 이어지는 해였다. 특히 홍대와 합정동 상권의 연장선상인 망원동은 망원시장과 인근의 한강공원 등으로 인해 전 연령대의 발길이 끊이질 않으면서 유명해졌다. 2016년 임대료가 전년도 대비 21%나 상승할 정도로 인기를 끌었다. 2017년부터는 본격적으로 망리단길로 불리기 시작했는데, 이는 경리단길에서 따온 것으로 망원동 상권을 띄우려고 사람들이 붙인 이름이다.

둘째, 2011년에 결정되어 2013년에 착공했던 당인리발전소의 지하화 작업도 주목을 받은 해였다. 홍대 상권은 더욱 커졌고 합정동, 서강동, 상수동 등이 그 영향권 안에서 혜택을 누리기 시작했다. 한편 당인리발전소는 지하화 작업 이후 지상을 공원으로 조성하고, 한강으로 이어지는 다리도 만든다는 당국의 발표가 나왔다. 2022년 완공 예정이므로 지금부터라도 눈여겨볼 필요가 있는 곳이다.

셋째, 연남동 상권이 자리를 잡으면서 유동 인구가 폭발적으로 증가했다. 다가구주택 리모델링, 단독주택 신축 등을 통해 다양한 식당과 카페가 입점하기 시작했는데, 이는 2010년대 초중반부터 시작된 골목상권 확장의 전형적인 모습이었다.

연남동은 홍대입구역이라고 하는 걸출한 핵심 상권이 확장되어 형성된 골목상권이었다. 이렇게 홍대상권이 이면까지 뻗어나갈 수 있었던 이유는 메인 상권보다 그 이면의 임대료가 상대적으로 저렴하기 때문이었다. 비싼 임대료를 피해 이전하는 경우도 많았고, 새롭게 사업을 시작하는 임차인들이 초기 투입비용을 줄이기 위해 자리를 잡으면서 형성되었다.

넷째, 성수동 일대는 가격 상승이 꾸준히 이루어졌다. 성수역 라인의 대명사인 '대림창고'가 선을 보인 것도 이즈음이었다. 주지하다시피 성수동은 각종 공장과 가내수공업 스타일의 수제화 거리로 유명했다. 1990년대까지만 해도 인쇄산업과 자동차 관련 산업으로 유명했었지만 관련 업체들이 침체기에 빠지고 경기도 파주 등 외곽으로 이전하면서 공동화 몸살을 앓고 있는 지역이었다. 금강제화 본점이 가장 유명한 건물 중 하나였는데, 오래된 창고를 거의 그대로 사용한 갤러리 카페 대림창고의 등장은 그야말로 뉴스거리였다. 건물 하나 때문에 죽었던 동네가 살아났으니 그럴 만도 했다.

원빈을 필두로 인순이, 이시영, 권상우, 김민준 등 연예인들의 투자도 활발했던 해였다. 2016년 거래 건수는 전년보다 늘어난 1,881건이었는데 30억 원 미만의 빌딩은 전년도 59.21%에서 52.31%로 줄어들었고,

30억~50억 원 사이의 빌딩은 26.74%로 전년도 20.36%보다 상승했다. 강남 3구를 포함한 용산구, 성동구, 마포구 등 상위 6개 구의 거래 비율은 60%로서 전년도 54%보다 상승했다. 주목할 점은 성동구였는데 다른 해와 달리 용산구, 마포구와 함께 거래 비율이 9%를 차지하면서 어깨를 나란히 한 해였다.

2017~2018년 : 빌딩 시장의 활황, 그리고 RTI규제

2017년 빌딩 시장을 살펴보면 특징은 크게 4가지였다.

첫째, 용산구에 다양한 호재가 있었다. 우선 아모레퍼시픽이 2018년 6월 준공을 목표로 빌딩을 올리고 있던 때였다. 이러한 호재 덕분에 주변 빌딩이 하나둘 거래되기 시작했다.

또한 미군부대 이전, 용산공원 조성, 고급 주거 단지인 나인원한남 등이 사람들의 입에 오르내리면서 이태원과 한남동을 중심으로 한 용산구의 거래가 활발했다. 특히 부촌이라는 이미지가 생겨나면서 30억~50억 원 사이의 빌딩 매매가 예년에 비해 매우 활발했다. 이는 강남구의 가격을 좇아가는 주변 상권으로 이해하면 된다.

둘째, 홍대 상권의 확장은 여전했다. 연남동, 상수동, 망원동, 합정동의 지가가 꾸준히 상승했다. 그러나 거래량은 주춤하면서 보합세를 유지했다.

셋째, 꾸준하던 성수동 거래가 주춤하던 해였다. 몇 년 동안 지가는 계속해서 상승했으나 거래량은 감소하는 추세였다. 2016년 113건에 달하던 30억 원 미만의 빌딩 거래가 66건으로 대폭 줄어들 정도였는데, 이는 눈에 보이는 상권의 변화가 미미했기 때문으로 분석된다.

성수동이 대림창고를 시작으로 핫한 지역으로 떠올랐으나 아무래도 편중된 유동 인구와 임대료 문제가 상권 확장의 걸림돌이 아니었나 판단된다. 거리 전체가 유명세를 타자 임대료가 올라가고, 이에 부담을 느낀 임차인들이 떠났지만 새로운 임차인들이 임대료 때문에 입점을 꺼리면서 거리의 활기가 떨어진 것이다.

넷째, 강남의 변화가 눈에 띄는 해였다. 30억 원 미만의 빌딩매매가 2016년 162건에서 108건으로 대폭 줄었고, 대신 30억~50억 원 사이의 빌딩매매가 97건에서 158건으로 늘었다. 이는 강남에 30억 원 미만의 빌딩이 없어서 생긴 현상으로서 매수자들이 오른 금액에 빌딩을 매입했다는 것으로 해석할 수 있다. 빌딩 시장이 활황기를 맞이하면서 30억 원짜리가 50억 원으로 치솟은 것이다.

서울시 전체를 살펴보아도 비슷한 결론이 나온다. 2017년 거래 건수는 전년보다 소폭 줄어든 1,828건이었는데 30억 원 미만의 빌딩은 47.89%로서 3년 연속 하락했다(2015년 59.21%, 2016년 52.31%). 눈에 띄는 것은 30억~50억 원 사이의 빌딩으로서 전체 건수에서 30.30%를 차지해 3년 연속 상승했다(2015년 20.36%, 2016년 26.74%). 2014년 242건에서 2015년 440건으로 2배 가까이 증가했다. 한편 2016년과 2017년은 각각 564건과 570건으로 큰 변화가 없었으나 2018년에는 455건으로 감소했다(출처:서울시).

이러한 현상은 저금리와 불황이 맞물리고, 고정 임대 수익과 시세 차익을 노리는 투자자들이 꾸준하게 시장에 진입하면서 오른 가격을 인정하고 매입했다는 이야기가 된다. 주택 시장의 규제 강화에 따른 반사 이익을 기대하는 투자자도 있었다.

2017년 부동산 정책 중에는 투기지역이나 과열지구를 지정하면서 대출을 제한하고, DTI와 LTV를 40%로 축소해 대출을 규제하는 등의 수요억제 정책을 폈던 8.2부동산대책이 단연 눈에 띈다. 서울 11개 구를 투기지역으로 지정하는 등 종합세트라 불릴 만큼 다양한 규제조치들이 쏟아져 나왔다.

이 정책으로 아파트 시장에서는 강남발 '똘똘한 한 채' 열풍이 불었다. 종합부동산세(이하 종부세)를 비롯한 보유세 인상 정책이 발표되자 종부세 영향이 적은 똘똘한 한 채로 쏠림현상이 나타난 것이다. 주로 강남 및 유망 지역이 그 수혜지였는데 꼬마빌딩 시장 역시 그 분위기를 따라갔다. 아파트 투자를 계획하던 사람들의 자금이 자연스럽게 건물로 이동하기 시작한 것이다.

전통적으로 수익용 빌딩 시장은 아파트 시장의 변화가 선행된 다음 6개월이나 1년 뒤에 움직이는 후행 시장이었다. 하지만 2018년 상반기에는 이런 시차가 2~3개월 정도로 짧아졌다. 2014~2015년에는 DTI 규제가 완화되면서 자연스럽게 수익형부동산 시장으로 자본이 흘러갔다면 정부의 고강도 규제 정책 이후에 다주택자들이 세금 폭탄을 피해 발빠르게 빌딩 시장으로 진입한 결과로 풀이된다.

풍선효과 등의 부작용이 생기자 정부는 9.5부동산대책과 10.24가계부채 종합대책을 잇따라 내놓았다. 10.24대책은 2018년 1월부터 기존 DTI 대신 신(新)DTI를 적용하는 것이 골자였다. 신규 주택담보대출 원리금과 기존 주택담보대출 이자로 DTI 비율을 산정했으나 앞으로는 기존 대출의 원리금 상환액으로 DTI 비율을 적용하겠다는 방침이었다. 또한 과거 1년간의 소득만으로 산정하던 방식에서 2년간의 소득액으로 DTI 비율을 산정하기로 했다.

나아가 2018년 하반기부터는 총부채원리금상환비율(DSR:Debt Service Ratio)을 도입한다는 방침도 발표했다. 이는 신(新)DTI보다 더 강력한 규제로서 〈총부채원리금상환액/연간 총소득×100〉으로 계산한다. 주택담보대출의 원리금 상환액 외에 다른 부채, 즉 신용대출, 신용카드, 마이너스통장, 자동차할부대출 등 개인의 모든 금융대출을 심사에 포함하는 강력한 규제였던 것이다. 정부가 야심차게 추진한 정책이었지만 아파트를 포함한 주거 시장에 적용되는 규제로서 빌딩 시장에 직접적인 영향은 없었다.

실질적으로 빌딩 시장에 충격을 준 부동산 정책은 2018년 상반기에 시행된 임대사업자 이자상환비율(RTI:Rent To Interest)과 하반기의 9.13부동산대책이었다. 3월 26일부터 시행된 RTI란 임대사업자가 연간 벌어들이는 임대 소득이 해당 임대업 대출이자의 몇 배인지 계산하는 것으로서 임대 수익으로 이자를 낼 수 있는 능력이 있는지 없는지를 따져보겠다는 정책이었다.

월세를 감안하고 대출을 해주겠다는 뜻으로 금리변동에 대응하면서 빌딩 시장의 안정성을 높이는 효과는 있었다. 하지만 매수자들 입장에서 본다면 대출가능금액이 줄어들면서 매입을 위해서는 더 많은 자금이 필요하게 되었다. 결국 2015년부터 늘어난 매수자들 중에서 보유 자금이 적은 사람들은 자연스럽게 시장을 떠나게 되었다.

2018년도 하반기에 시행된 9.13부동산대책은 집을 보유한 사람이 대출을 받아 규제지역에 두 번째 주택을 매입할 수 없도록 한 것이 골자였다. 이 정책으로 다주택자들의 투자수요가 급감하면서 아파트 시장이 갑자기 얼어붙기 시작했다. 빌딩 시장에도 여파가 있었다. 1주택자들이 빌딩을 매입할 경우에도 대출이 금지되면서 빌딩 시장도 직접적인 영향을 받았다. 하지만 9.13부동산대책으로 부동산 시장 전체에 퍼진 투자심리의 위축이 더 크게 작용했다. 여기에 더해서 금리 인상에 대한 우려도 시장을 급속도로 냉각시켰다. 매수자는 가격이 내리기를 기다리기 시작했고 매도자는 버티기 시작했다.

2018년은 전년도와 비슷한 양상이지만 이 정부의 연이은 규제 정책과 금리 인상 등의 악재 때문에 거래 건수는 1,700여 건으로 전년보다 소폭 감소했다. 전체 거래량으로 본다면 강남구가 부동의 1위였으며, 성동구의 후진이 눈에 띄는 해였다. 빌딩 시장 전체를 놓고 본다면 2015년 이후 2018년 상반기까지 꼬마빌딩의 거래 비중은 꾸준히 줄고(88.2% → 87.4% → 80.8% → 75.7%), 100억~500억 원 사이의 중형 빌딩의 거래 비중이 꾸준히 증가했다(3.6% → 3.8% → 5.8% → 9.5%). 매매가 30억~50억 원 수준인 중소형 빌딩의 거래는 2017년 570건에서 2018년 455건으로 감소했다. 2015년 440건보다는 많았지만 2016년(564건)보다 줄었다.

이는 꼬마빌딩의 인기가 시들해졌다기보다는 품귀 현상에 따른 거래 감소라고 보는 것이 옳다. 특히 2017년 사상 최대 빌딩 거래량을 기록한 이후 매도물건이 소진된 영향도 있다. 물론 대출 규제와 보유세 강화, 경기 침체가 이어지면서 나타난 현상이라고 보는 시각도 있다.

2019~2020년 : 입소문에 울고 웃는 핫플레이스

그렇다면 2019년은 어떨까? 2018년 9.13부동산대책과 금리 인상의 우려 때문에 2018년 10월부터 2019년 3월까지 약 6개월간의 거래가 전년도 대비 50%의 수준에 머물렀다. 하지만 소강상태로 이어지는 분위기에서도 연이은 금리 동결로 금리 인상의 우려가 사라지면서 매입 시기를 연기해온 매수자들부터 움직이기 시작했다. 2019년 4월부터 거래량이 전년도의 70~80%를 회복하면서 다시 활기를 띠고 있는 분위기이다.

최근 5년간 빌딩 시장 전체를 놓고 본다면 대출장려 정책과 금리 인하로 꼬마빌딩 시장의 성장이 이어지면서 지가 상승을 가져왔고 한때 매물 품귀현상으로 거래량이 감소하기도 했지만 전체적으로는 가격대가 오른 상태에서 거래가 이루어지고 있다고 정리할 수 있겠다.

현장에서 피부로 느끼는 것은 아파트에 대한 규제를 피해서 20억~30억 원대 꼬마빌딩을 찾는 매수자가 꾸준히 늘고 있다는 것이다. 그런데 막상 상담 테이블에 앉아보면 "아파트시장이 폭락할 것 같은데 빌딩시장도 조만간 꺾이지 않겠느냐"며 관망세를 보이는 경우가 많다. 돌다리도 두드려보는 것은 좋지만 이는 모순이고 착각이다. 이미 본인 스스로가 아파트 시장의 하락세를 예상해서 빌딩 시장으로 투자처를 옮겼음에도 두 시장을 부동산이라는 이름으로 묶어 동일시하는 오류를 범하고 있는 것이다.

확실히 알아두어야 할 것은 빌딩 시장과 아파트로 대변되는 주거 시장은 서로 다르다는 점이다. 좋은 물건을 바라보는 관점, 이에 따른 투자 판단의 기준, 정부의 정책, 관리법 등 모든 것이 다르다. 이를 잘 가름하지 않으면 현명한 투자를 할 수가 없다.

아무튼 지금 매수자는 혹시라도 가격이 떨어지지 않을까 하는 마음으로 시장 주변을 맴돌면서 관망하고 있는 상황이다. 반면에 매도자는 재산세가 올라간다는 악재가 있지만 빌딩 전체의 규모를 놓고 본다면 미미하므로 딱히 팔아야 할 이유가 없어 역시 관망하고 있는 상황이다. 임대료 수입이 적지 않기 때문에 세금을 걱정할 필요가 없는 것이다. 오히려 조금씩 조금씩 자녀에게 사전 증여를 하면서 빌딩을 공유하는 사람들이 늘어나고 있는 실정이다. 아파트는 공유를 하는 사람들이 다주택자로 분류되지만 빌딩은 여러 채를 가지고 있어도 해당되지 않기 때문이다.

이 수요와 공급의 간극이 좁혀지지 않으면서 매매 건수가 줄어들었지만 다시 매수 심리가 조금씩 풀리면서 거래량은 회복하고 있다. 현장에서 지켜보면 지금 매수자들은 "더 기다려도 급매는 없는 것 같고, 경기는 회복되지 않으니 덜컥 매입했다가 공실이 생기면 어쩌나"라는 생각에 주저하고 있는 듯하다.

투자란 정확한 계산에 근거해야 하는 것이지만 "지금은 팔 때다. 지금은 살 때가 아니다"처럼 심리적 요인도 매우 중요하게 작용한다. 결국 아파트 시장이 꽉 막혀있으니 돈이 모이는 곳은 대한민국 부자들의 70~80%가 투자하는 수익형 빌딩 시장이다.

최근 2~3년 사이 주요 상권의 공실률을 살펴보는 것도 미래를 전망하는 좋은 방법이다. 국토교통부의 자료에 따르면 서울 전체의 상권 공실률은 2017년 3월말 6.5%, 2018년 3월말 7.7%, 2019년 3월말 8.3%로 조금씩 증가하고 있다.

하지만 홍대 및 합정 상권은 반대의 행보를 보이고 있다. 2017년 8.0%, 2018년 8.3%로 서울 평균보다 높은 추세를 보이다가 2019년 4.6%로 급격하게 상권 공실률이 줄어든 것이다.

신사역 주변은 같은 기간 2.9%, 7.8%, 8.3%로 가파르게 공실이 증가하고 있다. 이는 개성 있는 상점들이 들어서면서 형성했던 고유의 상권을 대기업의 플래그숍들이 점령하면서 젠트리피케이션(gentrification)의 문제가 발생해 나타나는 후폭풍이라고 볼 수 있다. 단골가게가 사라지면서 유동 인구마저 사라지자 대기업까지 가로수길을 떠나기 시작한 것이다.

최근 3년 사이에 부각된 새로운 상권은 서울대입구, 즉 샤로수길이다. 2017년 3월의 공실률이 2.8%로 신사역 상권과 비슷했으나 2017년 4분기부터 2018년 4분기까지의 공실률은 제로에 가까웠다. 조금 늘어났다고 할 수 있는 2019년의 공실률이 3.3%로, 이는 서울 평균의 절반도 되지 않는 수치다. 또한 을지로3가 상권도 빈 점포를 찾아보기 힘들 정도로 최근 급성장했다.

가장 충격적인 곳은 경리단길이다. 2017년 3월부터 2019년 3월까지의 공실률이 14.9%, 22.4%, 24.3%로 가파른 상승 곡선을 이어나갔다. 2017년 4분기부터 2018년 4분기까지만 살펴보면 11.8%에서 21.6%로 두 배 가까이 상승했다. 상황이 심상치 않게 되자 '무권리금 상가 임대' 푯말이 속출하고 있는 실정이다. 연예인 홍석천이 '경리단길 살리기 프로젝트'에 나서고 임대인들이 알아서 월세를 깎아주었지만 안타깝게도 지금은 임차인들이 꺼리는 상권이 되고 말았다.

뉴스빅데이터 분석시스템 빅카인즈에 따르면 경리단길의 언론노출 빈도는 2013년부터 늘기 시작해 2015년(445건)에 최고치를 기록했고, 2016년(298건)부터 확 줄었다. 2016~2017년에 떠올랐던 망원동 상권(망리단길)도 이듬해부터 급격히 쇠락했다. 이러한 데이터들이 시사하는 것은 상권의 트렌드, 즉 유행 주기가 2~3년 정도로 짧아졌다는 사실이다.

보통 5년 정도였던 상권의 유행 주기가 짧아진 이유는 상권 발달의 중요한 요소가 교통 등의 접근성이 아니라 SNS 등의 입소문으로 바뀌었기 때문이다.

젊은층이 SNS에 올리면서 뜨겁게 달아오른 핫플레이스는 그 동력을 이어가지 못할 경우 뜨거운 냄비처럼 금세 식어버릴 확률이 높다. 인기몰이를 하는 과정에서 임대료가 상승하는 것도 이유가 되지만 입소문이 끌어들이는 손님이 단골보다 뜨내기가 많기 때문이기도 하다.

일회성 손님은 단골보다 지갑을 적게 열고 불평불만은 더 많다. 그리고 결정적으로 단골손님이 앉을 자리를 차지하기 때문에 단골마저 떠나게 만드는, 그래서 매출이 줄어들게 되는 악순환의 시작점이기도 하다.

또한 인기 상권 내에서 손님이 많은 업종(카페, 파스타, 마카롱, 편집숍, 네일숍 등)이 있으면 너도나도 따라서 오픈하는 임차인들의 미투 창업 전략도 문제라고 할 수 있다. 특색이 사라진 거리는 절대 오래가지 못한다.

아이러니하게도 빠른 입소문 때문에 생겨난 골목 상권이 그 빠른 입소문 때문에 쉽게 소멸되고 마는데, 이러한 주기가 5년에서 2~3년으로 현저하게 짧아졌다.

2019~2020년 주목할 상권 : 익선동과 뚝섬역

2019년 가장 핫한 상권은 한옥의 감성과 현대의 세련미가 공존하는 익선동 한옥마을이다. 안국역 4번출구와 종로3가역 6번출구 중간 정도에 위치한 익선동은 서울에서 가장 오래된 한옥마을 중 하나로서 약 100여 가구의 한옥이 남아있는데 도로 폭이 매우 좁아 차량의 진입은 물론이고 사람들이 걷기도 힘들다.

골목 입구에 역사와 전통을 자랑하는 칼국수집이 있어 오래 전부터 사람들이 드나들기는 했지만 이러한 악조건 때문에 유행을 선도하는 골목은 아니었다. 낙원동 아구찜 거리가 근거리에 있었지만 익선동까지 발길이 이어지지는 못했다. 무엇보다 탑골공원 뒤편은 젊은이들이 다니는 곳이 아니었다.

하지만 골목 상권이 유행하면서 익선동 역시 변화가 시작되었다. 한옥 그대로의 모습을 유지하면서 인테리어를 현대식으로 꾸민 식음료 매장들이 생겨났다. 정형화된 상권에 식상해 하는 유동 인구들이 원하는 뉴트로(새로움을 뜻하는 New와 복고를 뜻하는 Retro의 합성어)라는 새로운 분위기와 맞물려 급성장한 것이다. 특히 SNS를 통해서 유명해진 맛집들이 많아 상권의 성장은 더욱 빨라졌다. 낙원상가 상권의 대표 맛집으로서 평양냉면으로 유명한 유진식당의 인기도 한몫을 했다.

현재 익선동은 내국인뿐만 아니라 외국 관광객에게도 인기다. 인근에 인사동이 있기 때문에 자연스럽게 관광 코스로 이어지면서 주말에는 발 디딜 틈이 없고, 평일 낮에도 한국 고유의 분위기를 느끼고 싶어 하는 관광객들로 붐비는 곳이 되었다.

익선동에 이어 주목할 상권을 하나 더 고른다면 단연 뚝섬역 상권이다.

앞서 언급한 것처럼 성수동 상권은 성수역 주변으로 패션 관련 업종들이 몰려들면서 형성되었다. 수제화 관련 매장들도 젊은 디자이너들을 만나면서 고급화되었고 크고 작은 폐창고나 폐공장들이 카페와 갤러리 등으로 탈바꿈했다. 대림창고가 가장 대표적인 케이스다.

하지만 이제 성수동 상권을 이야기할 때 뚝섬역을 빼놓을 수 없게 되었다. 2019년 5월 3일 뚝섬역 1번 출구 앞에 세계적인 커피 브랜드 블루보틀이 문을 열었기 때문이다. 건물주인 디자이너 지춘희 씨가 보증금 4억 원에 임대료 대신 매출에 따른 수수료를 받기로 했다는 소문이 돌았다. 만일 사실이라면 멋진 투자 전략이 아닐 수 없다. 블루보틀 입점 이후 주변 매물의 호가가 많이 올랐다.

사실 블루보틀이 입점한 빌딩은 지하철 출구 바로 앞이라는 좋은 입지임에도 불구하고 지하철 고가철로가 눈앞을 가리고 있어 가치가 좀 떨어져 보이는 단점이 있다. 그러나 일본인 건축가 조 나가사카의 리모델링을 거쳐 블루보틀이 입점하면서 뚝섬역의 새로운 랜드마크를 만들어놓았다.

리모델링 전 블루보틀 건물

리모델링 후 블루보틀 건물

뚝섬역 상권은 뚝섬역 교차로를 중심으로 4등분된다. 먼저 가장 핫한 지역이라 할 수 있는 남서쪽은 주거환경이 좋은 것으로 유명하다.

2011년부터 입주가 시작된 갤러리아포레가 있고, 대림건설에서 짓고 있는 아크로서울포레스트가 2021년 1월부터 입주 예정이다. 부영이 2009년도에 3,700억 원에 매입한 아크로서울포레스트 남쪽 부지에는 50층 규모의 6성급 호텔과 고급아파트가 들어설 예정이다.

서울숲뷰를 장점으로 내세운 이 지역 주상복합아파트의 시세가 고가 행진을 이어가는 이유는 숲세권이기 때문이다. 뉴욕 센트럴파크나 런던 하이드파크처럼 서울숲이라는 녹지공원이 큰 역할을 했다. 또한 강남과의 접근성이 좋은 것도 중요한 장점이다.

뚝섬역 남서쪽에는 아뜰리에길을 따라 예쁜 카페와 레스토랑들이 산재해있다. 2014년에 원빈 씨가 3.3㎡당 3천만 원 정도에 21억 원 규모의 빌딩을 매입한 다음부터 유명세를 타기 시작했다. 2018년에 원빈 씨의 옆 빌딩이 3.3㎡당 6천만 원에 거래되었다. 4년 만에 지가가 2배 상승한 것이다. 가수 이정현 씨도 43억 6천만 원에 이 지역의 폐공장을 매입해 공장형 카페로 변신시켰다.

뚝섬역 교차로의 남동쪽을 위에서부터 훑어보면 블루보틀 맞은편, 즉 뚝섬역과 성수역 중간 정도에 일본식 커피 전문점 '온화'가 2019년 6월에 오픈했다. '성수동 구두 테마공원'과 인접해있어 유동 인구를 유인하기에 최적이라고 할 수 있다.

배우 권상우 씨와 가수 인순이 씨 역시 일찌감치 이 지역에 빌딩을 매입해 화제가 된 바 있다. 권상우 씨가 3.3㎡당 3천만 원대에 매입한 900㎡ 토지는 금속공장에서 최신식 세차장으로 탈바꿈했고 가격이 두 배 가까이 올라 현재 180억 원에 달하는 부동산이 되었다.

권상우 씨가 매입한 금속공장 부지

권상우 씨가 새로 오픈한 세차장

50미터 정도 떨어진 거리에 인순이 씨의 빌딩도 있다. 아기자기한 점포들과 공업지역 근로자들을 대상으로 하는 노포들이 많아 유입 인구가 많은 것이 특징이다.

한편 권상우 씨의 빌딩 바로 옆에 서울숲비즈포레라고 하는 12층짜리 지식산업센터(아파트형 공장)가 새로 들어서면서 이 지역의 분위기가 달라졌다. 지식산업센터는 서울숲포휴와 함께 지역의 가치를 상승시킨

요인이라고 할 수 있다. 두 건물에서 근무하는 수많은 직장인들이 상권을 활성화시켰기 때문이다.

사실 서울숲포휴는 분당선인 서울숲역 상권과 더 가까운데, 장미아파트 재건축이라는 호재가 있어 더욱 주목받는 포인트다. 여기서 조금 더 남쪽으로 내려가면 수많은 연예인들이 거주하고 있는 곳으로도 유명한 서울숲트리마제가 있다. 이 아파트는 S자 형태의 한강 조망이 가능해 입주자들의 만족도가 매우 높은 편이다.

뚝섬역 1번, 2번 출구라인인 북동쪽은 앞서 언급한 것처럼 블루보틀 1호점이 자리를 잡으면서부터 새롭게 주목받는 지역이다. 가수 지코와 배우 김민준 씨가 비교적 저평가되었을 때 SK-LPG 주유소 위쪽에 위치한 빌딩들을 매입했다. 한편 2019년 9월, 2번 출구 방면으로 메가박스 본사와 함께 하이엔드급 상영관이 들어설 예정이라서 상권은 더욱 커질 것으로 전망된다.

뚝섬역 교차로의 북서쪽은 중랑천 라인, 즉 동부간선도로 및 내부순환도로와 인접한 지역이다. 뚝섬유수지 체육공원 등이 있는데 뚝섬역 상권 중에서 사이즈가 가장 작다. 하지만 대한민국 최대 버스회사인 KD운송그룹이 일찌감치 빌딩을 신축하면서 자리를 잡았고, 야구선수 이승엽 씨 소유의 에스콰이어 빌딩과 배우 이시영 씨의 빌딩이 있어 주목을 받는 지역이다.

대로변의 이면 지역은 주거지역이 대부분으로 특별계획구역이라서 추후 성장세가 기대된다. 뚝섬역 교차로를 중심으로 북동, 남동, 남서쪽은 대부분 용도가 제한적인 공업지역이거나 4층 정도로만 신축이 가능한 제2종일반주거지역이다.

하지만 북서쪽은 준주거지역으로서 다양한 목적으로 신축이 가능하고 임차인도 다양한 용도로 빌딩을 활용할 수 있다는 장점이 있다. 또한 용적률은 7~8층까지 신축이 가능해 확실한 이점이 있는 지역이다.

뚝섬역 상권은 성수역 상권에서 확장된 것이 아니라 별도의 상권이 생성된 것이라고 보아야 한다. 매우 인접한 지역이기는 하지만 서울숲을 중심으로 럭셔리 아파트가 즐비한 지역이라서 오히려 먼저 형성된 성수역 상권보다 소비력이 높다. 그래서 성수역 상권이 수혜지역이 된 것이다. 성수역도 고민에 빠졌다. 건대입구역 상권처럼 먹자골목이 될 것인가, 아니면 뚝섬역 상권의 2등 상권으로서 지금의 분위기를 이어갈 것인가 기로에 서있다.

[tip] 2019 KB부동산보고서

2018년 12월에 발표한 '2019 KB부동산보고서'에 따르면 2017년부터 2018년 3분기까지 서울에서 거래된 소규모 빌딩(연면적 100㎡ 초과 1,000㎡ 미만인 건축물)의 74.3%가 일반주거지에 위치했던 것으로 나타났다.

또한 37.5%가 8m 미만 도로에 접해 있었으며, 건축경과연수가 30년이 넘는 노후 빌딩의 비중이 높았다. 구체적으로 거래량의 27.8%는 1980년대, 24.9%는 1970년대 이전에 지어진 건물이었다.

2018년 3분기 기준 소규모 빌딩의 평균 거래 금액은 32.2억 원으로서 평균 거래 금액이 빠르게 상승하고 있는 것으로 분석되었다. 2016년 평균 거래 금액이 21.7억 원을 기록했으며 2017년에는 26.2억 원, 2018년에는 32.2억 원으로 상승했다.

투자수요 확대로 저가 매물이 소진되고 매매가격이 상승하면서 총 거래량에서 20억 원 미만의 빌딩이 차지하는 비중은 지속적으로 감소하고 있다. 수도권 전체로 보면 2013년 83.9%를 고점으로 2018년 3분기 68.9%까지 감소했다. 서울의 경우 2014년 70.6%를 고점으로 2018년 3분기 39.6% 수준까지 감소했다.

한편 최근 소규모 빌딩 투자는 저금리, 시중유동성 확대 등에 따른 투자수요 증가로 매매거래가 활발하게 이루어지면서 임대 수익보다는 자산 가치 상승을 기대하는 투자가 늘어나고 있는 것으로 보인다. 실제 소규모 상가의 투자수익률은 상승세를 이어가고 있지만 임대료보다 매매가격이 빠르게 상승하면서 소득수익률은 떨어지고 자본수익률은 상승하는 상황이 지속되고 있다.

이러한 수익구조는 투자수요 감소나 매매거래 위축 등 부동산 경기 변동에 민감할 수밖에 없다. 2019년 국내경기에 대한 부정적 전망이 많고 최근 자영업 경기 침체에 대한 우려가 커지고 있는 상황에서 공실률 증가와 임대 수익 감소, 자산 가치 하락 등 소규모 빌딩에 대한 투자 리스크도 확대될 것으로 전망된다. 특히, 금리 상승에 따른 자금 조달 부담 확대, 부동산임대사업자에 대한 대출 규제 강화 등으로 대출을 통해 상대적으로 금액대가 낮은 소규모 빌딩 매매에 나섰던 투자수요가 감소할 것으로 예상되며 주요 상권을 제외한 지역에서는 투자 리스크가 커질 것으로 보인다.

2020년은 법인 빌딩 매입의 좋은 기회 :
상업용 빌딩 매입 체크포인트

2018년 9.13부동산대책 이후 가계와 개인임대사업자에 대한 대출 규제가 강화되면서 상대적으로 대출이 용이한 법인을 통해 빌딩을 우회 매입하는 추세가 늘어나고 있다.

지난 2012년 107건에 불과했던 법인의 꼬마빌딩 매입 건수는 2018년 443건으로 6년 사이 4배 넘게 증가했다(2017년은 267건). 같은 기간 개인 매매 건수가 389건에서 958건으로 2.5배 가량 늘어난 것에 비해 빠른 속도다.(헤럴드경제 2019년 1월 16일자 발췌)

아마도 2019년~2020년은 법인사업자가 빌딩을 매입하기에 더 좋은 환경이 조성될 것으로 예상된다. 우선 법인사업자는 개인 임대사업자와 달리 RTI 적용을 받지 않기 때문에 상대적으로 훨씬 많은 담보대출을 받을 수가 있다.

과거에는 법인회사 대표들이 개인 명의로 빌딩을 매입한 뒤 법인회사가 임차를 한 다음 대표 개인에게 임대료를 내고는 했다. 하지만 RTI 시행 이후 개인에게 대출이 잘 나오지 않다 보니 법인명의로 매입하는 사례가 늘고 있다. 같은 50억 원짜리 빌딩을 매입할 때 개인이 받을 수 있는 대출이 25~30억 원이지만 법인은 40억 원까지도 가능하기 때문에 고민할 필요가 없는 것이다.

상황이 이렇다 보니 은행이 법인에게 개인보다 더 유리한 조건으로 대출을 해주기 위해 적극적으로 영업을 하고 있는 실정이다. 은행 입장에서 본다면 누군가에게 돈을 빌려주어야 이자라는 수입이 발생하게 된다. 하지만 아파트 시장이 꽉 막혀 개인들이 돈을 빌려가지 않고, 회사들 역시 불경기로 인해 설비 투자나 R&D에 자금을 투여하지 않고 있기 때문에 법인회사들에게 빌딩 투자를 독려하고 있는 상황이다. 저금리로 대출을 해줄 테니 굳이 비싼 임대료를 내면서 남의 건물에 있지 말고 차라리 빌딩을 매입해 사옥으로 사용하라는 것이다.

사실 법인회사 대표라면 대부분 자신의 사옥에서 안정적으로 맘 편히 회사를 운영하고 싶어 하는 심리가 있다. 아파트처럼 빌딩도 전세가 아니라 매매로 살고 싶은 것이 사람의 욕심이다. 1층에는 예쁜 카페나 편의점에 임대를 주고, 공실률이 높은 상층부를 사무실로 사용하는 그림은 충분히 매력적이다.

사옥으로 매입한다는 것은 자금 회전에 이점이 있는 임대료 수익만 기대하는 것이 아니라 회사 브랜드 가치 상승 및 매각차익 등의 추가 이득도 고려한 투자라고 보아야 한다. 단순히 투자의 개념만 있는 것이 아니라 지출을 줄이는 용도로도 사용되고 있는데 크게 다음과 같은 3가지 방식으로 사용하게 된다.

(1) 일부 사용 및 일부 임대

빌딩의 일부만 사용하고 남는 공간을 임대로 주고 임대료를 받는 것도 방법이다. 받은 임대료로 이자를 지불할 수 있고, 금리가 낮기 때문에 지출 비용이 없거나 남는 경우도 많다.

(2) 전체 사용

사업이 번창하면서 현재 임대로 사용하는 공간이 협소해 확장이 필요한 경우가 있다. 하지만 이에 따라 늘어나는 임대료와 인테리어 비용이 만만치 않아 아예 빌딩을 매입하는 법인회사들이 있다. 비싼 임대료 대신 낮은 대출이자를 납부하면서 지출을 줄일 수 있다.

(3) 임대 수익

본점이나 지점으로 사용하지 않고 임대 수익이 많이 나오는 빌딩을 매입해서 수익을 발생시키는 구조다. 대출이자를 충당하고 남는 수익으로 다른 빌딩을 임대하는 방법이나 그냥 온전히 수익을 발생시킬 용도로 매입한다.

법인 매수자들은 자가 사용을 목적으로 보통 50억~100억 원 사이의 빌딩을 매입하는 경우가 대부분이다. 하지만 자가 사용이 목적이라 할지라도 재테크로서의 가치가 있어야 한다. 때문에 법인회사들은 물가상승에 따른 화폐가치의 하락에 대한 보완책으로 실물 자산인 빌딩을 매입하기도 한다.

물가가 적어도 1년에 3% 정도 오른다고 가정한다면 지금 100억 원에 살 수 있는 빌딩을 내년에는 103억 원에 사야 한다는 계산이 나온다. 1년이 지나면서 다시 3억 원 이상을 더 주고 사야 한다. 따라서 사옥을 마련할 계획이 있다면 때를 기다리기보다는 과감하게 결정할 필요도 있다. 결정을 미루면 미룰수록 임대료는 계속해서 올라가게 마련이다.

한편 법인이 빌딩을 매입할 때 개인과는 다른 점이 있어서 사전에

▶관리권역지도

과밀억제권역: 서울특별시, 인천광역시[강화군, 옹진군, 서구 대곡동, 불로동, 마전동, 금곡동, 오류동, 왕길동, 당하동, 원당동, 인천경제자유구역(경제자유구역에서 해제된 지역을 포함한다) 및 남동 국가산업단지는 제외한다], 의정부시, 구리시, 남양주시(호평동, 평내동, 금곡동, 일패동, 이패동, 삼패동, 가운동, 수석동, 지금동 및 도농동만 해당된다), 하남시, 고양시, 수원시, 성남시, 안양시, 부천시, 광명시, 과천시, 의왕시, 군포시, 시흥시[반월특수지역(반월특수지역에서 해제된 지역을 포함한다)은 제외한다]

체크해야 할 것들이 있다.

먼저 법인이나 개인 모두 4.6%의 취득세를 내는 게 원칙이지만 법인은 중과되는 경우가 있다. 중과되는 금액은 취득세 기준세율 2%의 3배가 되는데 기타 부가세까지 계산하면 모두 9.8%를 내야 한다. 4.6%에서 9.4%로 4.8%를 더 내는 셈이 된다.

중과되는 경우를 보면, 과밀억제권역 안에 사업장을 둔 법인들 중에서 설립한 지 5년 미만의 법인이 부동산을 취득하면 취득세가 중과된다. 이는 투기 세력을 1차적으로 차단하기 위한 규정으로 5년이라는 기간을 적용 기준으로 정한 것이다. 단, 과밀억제권역 밖에 사업장이 있는 법인의 경우는 5년 규정이 적용되지 않는다. 그리고 과밀억제권역 밖에 사업장이 있는 법인이 과밀억제권역 밖에서 빌딩을 매입할 때는 문제가 없지만 과밀억제권역 안에 위치한 빌딩을 매입할 때는 취득세가 중과되는 경우가 있다.

과밀억제권역은 인구 및 산업이 과도하게 집중되었거나 집중될 우려가 있는 지역으로의 이전을 막기 위해 설정한 지역이다. 그래서 지역 밖에 있는 법인이 안에 있는 빌딩을 매입해서 사용한다면 그 부분에 한해 취득세가 중과된다.

예를 들어 설명하면, 연면적 1,650m²(500평)의 빌딩을 50억 원을 주고 매입한 후 660m²(200평), 즉 40%를 사용한다면 매입 금액 50억 원의 40%에 해당되는 20억 원은 중과되는 취득세 9.4%를 내야 한다는 것이다. 다음의 표를 보면 조금 더 쉽게 이해할 수 있다.

▶과밀억제권역 취득세율

사용 여부	사용비율 대로 전체 매입금액 50억 원을 안분	적용되는 취득세율
660㎡(200평) 사용	20억 원	9.4% 적용
990㎡(300평) 사용 안함	30억 원	4.6% 적용

이는 과밀억제권역으로의 진입을 막기 위한 지역을 기준으로 적용한다.

정리하면 과밀억제권역 밖에 있는 법인이 과밀억제권역 안에 위치한 빌딩을 매입한 후에 직접 사용하지 않고 모두 임대를 주고 임대 수익을 목적으로 운영한다면 취득세는 중과되지 않고 일반적인 4.6%를 적용받는다.

필자를 통해 빌딩을 매입하려던 3년 된 법인이 하나 있었다. 이 법인은 2년을 더 기다렸다가 취득세 중과를 피해 매입하기로 결정하고 시기를 기다렸다. 그런데 2년 후 취득세 중과는 피했지만, 구입하려던 빌딩들의 가격이 올라 결국 매입을 철회해야 했다. 빌딩 가격이 1년에 5% 오른다면 더 납부하는 세금 4.8%는 1년 후 매입하는 경우와 같은 취득원가가 된다. 가격이 오를 것을 예상하고 매입한다면 취득세 중과와 오른 후의 가치를 잘 비교해서 판단해야 할 것이다. 빌딩의 가격이 오른다는 확신이 있다면 중과된 취득세를 납부하더라도 매입하는 게 유리할 수 있다는 뜻이다.

직접 사용해야 하는 경우는 건축물의 용도도 중요한 체크 사항이다. 예를 들어 교육연구시설로 되어있는 빌딩을 매입한 후 사무실이나 근생시설로 변경하려면 주차대수 때문에 변경이 안 되는 경우가 많다. 교육

▶용도별 법정주차대수

건축물의 용도	법정주차대수 규정(서울시 조례)
단독주택	시설면적 50㎡~150㎡: 1대 시설면적 150㎡ 초과하는 경우 100㎡당 1대+알파 　　　　　　　　　[1+(시설면적-150㎡)/100㎡]
다가구주택, 공동주택, 오피스텔	주택건설기준 등에 관한 규정 제27조에 따름 전용면적 30㎡ 이하: 세대당 0.5대 전용면적 30㎡ 초과 60㎡ 이하: 세대당 0.8대 전용면적 60㎡ 초과: 세대당 1대
제1종 근생시설 제2종 근생시설	시설면적 134㎡ 당 1대
숙박시설	시설면적 134㎡ 당 1대
업무시설	일반업무시설: 시설면적 100㎡당 1대 공공업무시설: 시설면적 100㎡당 1대
위락시설	시설면적 67㎡ 당 1대
교육연구시설	시설면적 200㎡당 1대

연구시설의 법정주차대수는 200m²(60평)당 1대이다. 근생시설의 법정주차대수는 134m²(40평)당 1대로 근생시설로 용도변경하려면 법정주차대수를 증가시켜야 하는 경우가 많다.

예를 들어 연면적 793m²(240평)인 빌딩이 있다고 하자. 전층이 교육연구시설이면 법정주차대수는 4대(240평/60평=4대)만 있으면 된다. 이 빌딩을 근생시설로 변경하려면 법정주차대수는 6대(240평/40평=6대)가 필요하다. 2대가 추가되어야 용도변경이 가능하고 추가될 공간이 없다면 용도 변경은 할 수 없다. 그래서 자주식 주차공간을 기계식으로 변경하면서 주차대수를 늘리거나 별도의 부설주차장 부지를 매입해 주차대수를 늘리는 방법이 있지만 이는 모두 추가 비용이 발생하기 때문에 미리 고려해야 할 사항이다.

또한 교육연구시설은 다른 용도에 비해 담보대출 비율이 낮기 때문에 은행의 대출도 사전에 확인해야 한다.

주차대수 때문에 건축물의 용도 변경이 어려운 경우가 많아 일반적인 용도의 법정주차대수 규정을 미리 알아두는 것이 좋다.

이 외에도 법인이 임대사업을 하기 위해 실무적으로 준비해야 할 사항은 법인목적에 부동산임대업 추가 등기, 취득한 부동산에 대한 지점 설치 등기, 사업자등록증 발급 등이 있는데 그리 복잡하지는 않다.

보유 기간 중 납부하는 재산세는 개인이나 법인이나 똑같다. 소득세의 경우 개인임대업자는 종합소득세 납부 대상이다. 종합소득은 임대소득, 이자소득, 배당소득, 사업소득, 근로소득, 기타소득 등이 합산되어 누진세율을 적용받아 납부한다. 소득이 많다면 적용되는 세율도 높다.

법인은 법인세를 납부하는데 과세표준액이 2억 원 이상이면 20%, 2억 원 미만이면 10%의 법인세를 납부한다. 매매가 30억~50억 원인 빌딩을 매입한다면 1년간 과세표준액은 2억 원 미만이고 대부분 10% 구간에 해당될 것이다.

법인이 빌딩을 매입할 때 개인과는 다르게 주의할 점이 또 하나 있다. 임대 수익에 대한 세금이다. 소득세 구간만 보면 법인이 개인보다 유리하다. 그렇지만 그것은 법인 자금이지 개인 자금이 아니다. 그냥 갖다 쓰면 횡령이 된다. 임대 수익을 개인의 소득으로 전환하려면 법인세를 낸 후에 다시 배당소득세를 납부하면서 주주배당을 받아야 한다. 법인세, 배당소득세 이렇게 두 번의 세금을 납부한 후에야 개인 돈이 되는

법인세율(2019)	
과세표준액	법인세율
2억 원 이하	10%
200억 원 이하	20%
3,000억 원 이하	22%
3,000억 원 초과	25%

것이다.

양도할 때도 개인은 양도소득세를 납부하고 법인은 법인세를 납부한다. 적용 세율도 소득세처럼 다르다. 양도소득세를 계산할 때도 개인은 장기보유특별공제가 적용되고 법인은 적용 대상이 아니다. 대출을 더 받는다는 측면에서는 법인이 유리하지만 보유·양도까지 고려한다면 꼼꼼한 판단이 필요하다.

참고로 필자가 지금 설명하고 있는 빌딩은 외곽에 위치한 빌딩이 아니라 서울에 위치해 있고, 입지가 좋은 역세권 중소형 빌딩들이다. 현재 지방과 외곽 지역은 매수자들이 거의 없는 실정이다. 대부분의 투자자들이 서울 역세권에 위치한 빌딩을 사고 싶어 하기 때문에 지방은 매수자가 줄어 가격 변동이 거의 없는 편이다. 유동 인구가 없는 외곽의 변두리에 있는 빌딩은 기존 가격보다 더 하락할 수도 있다. 이렇게 매수세가 쏠리는 현상은 당분간 지속될 것으로 보인다.

아는 만큼
길은 가까워진다

필자의 하루 일과는 두세 건 이상의 상담을 진행하고, 현장 답사를 가고, 인터뷰나 강연을 하고, 블로그나 유튜브 등 SNS에 올릴 콘텐츠를 만드는 일로 꽉 차 있다. 물론 계약도 진행한다.

이 일상 속에서 만나는 건물주들은 보통 20억~1천억 원 정도의 빌딩을 사고파는 소위 자산가들이다. 직업을 보면 의사나 변호사 등의 전문직 종사자, CEO, 연예인이나 스포츠 선수 등의 셀럽, 그리고 흔히 말하는 금수저들도 있다.

"부모 잘 만나서 고생 모르고 자란 건물주들, 다 건방진 금수저들 아냐?"

"때 되면 월세 받고 해외로 놀러만 다니지 않냐?"

건물주들에 대해 좋지 않은 이야기를 하는 사람들의 말이다. 너무나 부정적인 선입견이다. 건물주라고 하면 대부분 거만하고 돈을 물 쓰듯 쓸 것 같다는 선입견이 있지만 모두 다 그렇지는 않다. 대개는 겸손하고 철저한 계획하에 돈을 쓴다. 1만 원짜리 한 장 헛되이 쓰지 않는다. 1만 원이 모여 100만 원이 되고 1억 원이 되는 것을 아는 사람들이다.

여담이지만 필자의 고객 중에 계약금 16억 원을 현찰로 들고 온 분도 있었다. 다른 사람들에게 이런 이야기를 들려주면 영화나 드라마의 한 장면, 즉 돈다발을 던지면서 돈 자랑 하는 모습을 떠올리고는 한다. 하지만 이는 건물주를 투기 조장 세력으로 보는 일부의 시선 때문에 잘못 형성된 고정관념이다. 원래부터 그런 사람이 있을 수는 있지만 돈이 많다고 다 그런 것은 아니다. 돈은 죄가 없다.

이러한 부정적인 고정관념에서 벗어나야 당신도 건물주가 될 수 있다. 버릇없는 금수저나 부동산 투기꾼들이라는 시선으로 바라보면서 어떻게 그 안에 들어가겠는가?

이제껏 필자가 진행한 계약 중에서 가장 큰 건이 매매가 675억 원짜리였다. 부동산 개발을 전문으로 하는 매수자는 5층짜리 낡은 건물 두 채를 매입해 건평 7천평(23,000m²)에 20층짜리 큰 빌딩을 신축했다. 강남의 중심이자 일반상업지역으로서 용적률 800%로 신축이 가능한 최고의 입지였다.

기존의 낡은 건물은 1990년에 지은 것이었다. 당시에는 높게 지어보아야 그 안을 채울 임차인을 구할 수 없었기 때문에 5층으로 지었다. 하지만 강남이 발전하면서 큰 규모로 지어도 임차인을 충분히 채울 수 있게 된 것이다. 매수자는 토지매입비와 시공비 등 전체 투입금액이 1천300억 원이 넘는 대규모 개발사업을 진행했다.

준공식 자리에 필자를 초대한 건물주는 좋은 매물을 소개시켜주어서 고맙다며 감사패를 주기도 했다. 이럴 때 중개인으로서 무한한 보람을 느낀다. 감사한 마음으로 받으면서 만일 매도한다면 얼마에 팔리기를 희망하느냐고 물으니 2천억 원이라는 답이 돌아왔다. 놀라는 독자들도 있겠지만 아마도 이 책이 세상에 나올 때쯤이면 계약이 성사되었을 것이다.

이런 고객도 평범하게 필자와 인생 이야기를 나눈다. 건물주라고 해서 특별한 사람들이 아니다. 동시대를 살아가는 우리 주변의 평범한 분들이라는 생각을 많이 하게 된다. 물론 갑자기 전화해서 "나 지금 어디로 빌딩 보러 가니까 그리로 와!"라고 일방적으로 통보하는 고객들도 있다. "다른 약속이 있어서 어렵다"고 하면 "너 배불렀구나?"라는 대답이 오는 경우도 있다. 반대로 거래가 끝난 다음인데도 명절 때 선물을 보내주는 고객도 있고, 해외여행을 다녀왔다며 필자 아이들의 선물까지 챙겨주는 고객도 있다. 그 고객의 마음속에 필자가 들어가 있다는 것이 그저 감사할 따름이다.

전자의 경우는 원래 그런 사람이라고 넘겨버리고, 후자의 경우는 더 열심히 하라는 뜻으로 받아들이면서 에너지를 충전한다. 뒤에서 따로 설명하겠지만 부동산중개업은 스트레스가 많은 직업이기도 하지만 보람도 꽤 큰 직업이다.

전문 컨설팅의 중요성 : 정보 분석과 크로스체크

상담 테이블에 앉아보면 전문가 이상의 해박한 부동산 지식을 보유하고 있는 고객들도 많다. 전문가를 만나서 답안지를 달라고 하면 되겠지 하면서 무턱대고 오는 사람들이 아니다. 공부를 해보니 심화 과정으로 들어가는 전문적인 참고서가 필요하다면서 상담을 의뢰하는 고객들이 많다.

특히 상대적으로 조금(?) 물려받은 금수저들 중에 부동산 재테크에 재능을 보이는 경우가 많다. 진짜 하늘이 내린 금수저들은 더 이상 재산을 증식할 필요가 없지만 적당히 물려받은 금수저들은 어떻게 하면 더 재산을 불릴 수 있는지 고민하고 공부하기 때문이다.

이들은 물려받은 돈에 자신이 번 돈을 보태는 등의 방법으로 최소한의 종잣돈을 만들어 꼬마빌딩 매입에 도전한다. 보통 현금 10억 원~20억 원을 확보한 다음 대출을 통해 50억 원 규모의 빌딩을 매입하는 식이다.

비교적 작은 상가주택을 흔히 꼬마빌딩이라고 부른다. 포괄적이지만 꼬마빌딩에 대한 정의를 내려보면 부동산적인 측면에서는 대지면적 100평 미만(303㎡), 연면적 300평 미만(992㎡), 5층 미만, 매매가 30억 원 정도의 주거 및 상가, 사무실 등으로 활용이 가능한 빌딩을 지칭한다.

이런 빌딩의 건물주가 되고 싶다면 누구부터 만나야 할까? 아파트 단지 입구에 있는 흔히 있는 소위 로컬 부동산? 안 될 것은 없지만 빌딩 매매를 전문으로 하는 전문가 집단을 찾는 것이 옳다.

전문 컨설팅을 받지 않고 섣불리 투자를 하면 아니함만 못한 경우도 많이 생긴다. 빌딩은 언제든지 쉽게 사고 팔 수 있는 아파트가 아니다. 아파트처럼 알아서 오를 때까지 묻어두기에는 신경 써야 할 일이 너무 많은 재화다.

수십 억짜리 빌딩을 사고파는 사람들은 기본적으로 누군가의 지시를 받는 쪽이 아니라 거느리고 지시하는 쪽이다. 그런 고객들에게 이 빌딩보다는 저 빌딩이 낫다고 자신 있게 컨설팅을 하려면 무기는 딱 하나뿐이다. 바로 탄탄한 정보력이다.

필자는 지난 14년 동안 꼼꼼하게 빌딩에 대한 정보를 모았다. 또한 원빌딩에는 10만여 건의 빌딩 데이터와 매매를 기다리는 2만여 건의 매물 데이터가 축적되어있다. 데이터의 질은 축적된 시간과 양에 비례한다.

필자처럼 어떤 빌딩을 오랜 기간 지켜보면 흥망성쇠가 눈에 보인다. 급성장하기 직전인지, 수명이 다해가는지, 다해가는 수명을 소생시킬 솔루션이 무엇인지 등을 알 수 있는 것이다. 작년, 재작년의 이슈를 알기 때문에 내년, 내후년의 운명을 대충은 가늠할 수 있지만 일반인들은 늘 그 빌딩만 지켜본 것이 아니기 때문에 세세하게 알 수가 없다. 때문에 종합적인 정보 분석과 크로스체크가 투자 결정의 최우선 과제라고 해도 과언이 아니다.

흙수저도 건물주가 될 수 있다

금수저가 아니라면 어떻게 해야 할까? 연예인처럼 목돈으로 큰돈을 벌 수 없다면 건물주가 될 수 없을까? 건물주가 꿈이라고 털어놓는 직장인들이 있는데 허황된 꿈일까? 이렇게 이야기하는 샐러리맨이 있었다.

"아직은 때가 아닌 것 같아요. 수중에 종잣돈이 없으니 자금을 좀 더 모아야 하고, 부동산 공부도 해야 하고, 시장의 추이도 좀 지켜보다가….”

필자는 이렇게 대답해주었다.

“부동산은 절대 기다려주지 않습니다. 그 때가 되었다고 생각할 때 건물은 저 멀리 도망가고 없을 겁니다.”

“상담을 해보니 5억은 필요하다고 하길래 지금 2~3억을 더 만들고 있는 중입니다. 그 때가 되면 퇴직금도 받게 될 테고.”

“아니요. 5억을 다 모았을 때는 10억이 필요하다는 말을 듣게 될 겁니다. 5억 원을 만들기 시작하면서부터 매입 계획도 함께 세워나가야 합니다. 꿈을 꾸기 시작했으면 행동도 함께 시작해야 합니다.”

솔직히 최근에는 평범한 샐러리맨들이 건물주 되기란 과거보다 어려워졌다. 샐러리맨들이 돈을 버는 속도보다 빌딩의 가격이 올라가는 속도가 훨씬 더 빠르기 때문이다.

빌딩이란 시간의 경과에 따라 그 가치가 상승하는 ‘자본수익’ 의존도가 높은 부동산이다. 물론 임대료라고 하는 ‘운용수익’도 있지만 시세 차익이 훨씬 매력적인 상품이기 때문에 많은 사람들이 관심을 갖는 것이다. 문제는 이런 빌딩 가격의 상승 속도를 따라갈 수가 없다는 것.

예를 들어 연봉 1억 원이라고 하면 꽤 괜찮은 고액연봉자인데 한 푼도 쓰지 않고 1년을 모은다고 해도 빌딩 가격은 1년에 2~3억 원씩 상승하기 때문에 현실적으로 빌딩을 매입하기가 어렵다. 어떤 빌딩은 1년에 5~10억 원씩 오르기도 한다. 예를 들어 신사동 가로수길은 2006년에 3.3m²당 4,000만 원이었는데 2018년에 3.3m²당 2억 5,000만 원으로 12년 동안 6배나 올랐다. 이외에도 홍대, 합정동, 상수동, 한남동, 성수동 등 핫한 지역은 다른 지역보다 더 빨리 오르기 때문에 시장에 진입하기가 더 어렵다.

그래도 전혀 방법이 없는 것은 아니다. 장기적인 투자 계획을 세운다면 불가능하지 않다. 처음부터 큰 것을 바라지 말고 작은 것부터 하나씩 하나씩 만들어가라는 것이다. 예를 들면 상권이 형성되지 않은 지역의 작은 주택을 매입하는 것이다. 전세입자가 있어도 괜찮다. 전세를 끼고 매입하면 된다. 주택은 명도절차에 큰 어려움이 없으므로 추가비용 없이 명도를 한 후 용도변경을 해서 작은 가게를 입점시킨다. 투입 자금에 대한 부담을 줄일 수 있는 방법으로서 작은 땅이더라도 입지가 좋은 매물이면 가능하다.

이는 숨어있는 진주를 찾아 보석으로 세공하는 방법으로 필자도 이런 매물들을 놓친 경험이 많다. 그런 매물이 막상 눈앞에 왔을 때는 "사이즈가 작아서 안 되고, 추가로 공사를 해야 해서 안 되고, 아직 아무것도 없는 데 임차가 안 되면 어쩌지?" 라는 걱정과 핑계로 손사래를 친 적이 많았다. 그 후 몇 달이 지나 후회하는 나 자신의 모습도 많이 보아왔다. 하지만 단순히 후회만 하고 그치는 것이 아니라 그 과정을 찬찬히 복기하면서 공부를 해왔다. 가치투자는 주식시장에만 필요한 것이 아니라는 점을 다시금 확인하면서.

점점 젊어지는 꼬마빌딩 투자자 : 시니어에서 40대로, 30대로

지난 몇 년 동안 아파트 가격이 급등하면서 일반인들도 아파트를 팔거나 대출을 받아 꼬마빌딩에 투자하려는 수요가 크게 증가하고 있다. 주목할 점은 통상적으로 빌딩 투자란 은퇴 후 현금 유동성 확보 혹은 증여 수단으로 활용하기 위한 베이비부머 세대의 몫이었는데 3040세대도 빌딩 투자에 적극 뛰어들기 시작했다는 것이다. 최근, 특히 2018년 상반기부터 뚜렷한 변화가 감지되었다.

2018년 1분기 서울에서 1,000억 원 미만 중소형 빌딩의 거래는 183건 이루어졌다. 이 가운데 법인을 제외한 개인 투자자의 매매는 162건. 연령대를 살펴보면 40대의 비중은 2017년 같은 기간 23%에서 33%로 10% 포인트 뛰었다. 30대의 비중은 2017년 7%에 불과했지만 2018년에는 12%를 기록하면서 두 자릿수로 늘었다. 50대 이상 투자자의 비중은 55%로 여전히 절반 이상을 차지했지만 전년대비 크게 낮아졌다.

자금이 다소 모자라도 저축 등의 재테크를 통해 마련한 목돈, 아파트 담보대출, 상속·증여 등 모든 방법을 총동원해 장기 투자에 나섰던 것으로 보인다. 지속된 저금리 때문에 이자 부담이 높지 않고, 주택 시장보다 규제가 덜한 이유도 있었지만 2018년 3월 26일 RTI가 적용되기 전에 발 빠르게 움직여야겠다고 결정한 것은 역시 젊은층이었다.

30대가 투자한 성공 사례가 있어서 잠깐 소개해볼까 한다. 금융업에 종사하는 30대 중반의 A씨는 2011년 필자와의 상담 끝에 화곡동에 위치한 꼬마빌딩을 17억 원에 매입하기로 결정했다. 본인 자금이 6억 원 정

▶연령별 서울 중소형빌딩 거래 비율

구분	2017년 1분기	2018년 1분기
30대	7%	12%
40대	23%	33%
50대	70%	55%

도로 대출이 11억 원 필요했다. 당시는 금리도 높았고, 은행에서도 대출을 많이 해줄 때가 아니었다.

하지만 A씨는 연봉 3억을 수령하는 고액연봉자로서 자금 흐름과 신용도가 우수하다는 점을 은행에 증명했다. 결국 은행에서 대출이 가능하다는 통보를 받고 매입에 성공했다.

대출 금액이 커서 부담스럽기는 했지만 젊은 나이에 할 수 있는 공격적인 투자로써 좋은 사례가 되는 것 같다. 6년이 지난 후 부동산 개발업자에게 30억 원에 팔아서 13억 원의 양도 차익을 챙겼다. 본인의 단점과 장점을 잘 이용한 공격적이면서도 현명한 투자였다고 할 수 있다.

과거 2000년도 이후 금리가 하락하자 정보력이 뛰어난 젊은층이 은행대출을 이용해 오피스텔, 아파트, 꼬마빌딩 매입에 관심을 보였다. 2000년도 이전에는 대출을 받으면 큰일이라도 나는 줄 아는 사람들이 많았지만 2000년도 이후부터는 대출 없이 내 돈으로 건물을 사면 바보라는 말이 있을 정도였다.

필자도 부동산업에 10년 이상 몸담으면서 매일 10개 이상의 등기를 확인하는데 확연히 차이가 나는 것은 젊을수록 대출을 더 받는다는 것이다. 분명 대출을 받으면 이자라는 부담이 있지만 이자보다 높은 수익이 나오는 부동산에 투자를 한다면 실투자 대비 많은 이익을 볼 수 있기 때문이다.

일반적으로 재테크를 할 때는 첫째 안정성, 둘째 환금성, 셋째 수익성이라는 말이 있다. 기본적으로 예적금, 펀드, 주식 등 수많은 재테크 수단들이 있지만 지금은 부동산에 많은 사람들이 투자를 하고 있는 것이 사실이다.

요즘 젊은층은 중장년층보다 의사 결정이 빠른 편이다. 중년은 실패의 경험도 있어 결정에 신중하지만 젊은층은 상황 판단이 빠르다. 중장년층은 일일이 몸으로 움직이면서 정보를 파악하는 편이지만 젊은층은 이미 인터넷을 통해 머리로 정보를 확인하고 오기 때문에 의사 결정이 빠르다. 당연히 좋은 매물이 나타나면 쉽게 놓치지 않는다.

필자는 요즘 고객들을 만날 때마다 "현재 빌딩 시장은 매도자 우위 시장입니다. 매도자보다 매수자가 더 많습니다. 그러다 보니 매입할 생각이 있으면 의사 결정을 빨리 해야 됩니다"라고 충고한다. 상담을 위해 내방한 고객이 젊다면 이런 말도 빼놓지 않는다. "젊다면 대출은 축복입니다. 남들보다 조금 더 빨리, 조금 더 과감하게 시작한다면 노후가 조금은 더 풍요로워질 것입니다. 빚을 지고 그 빚을 갚기 위해 열심히 일하십시오. 나중에는 대출을 받고 싶어도 은행 문턱이 높아 넘지 못합니다."

사실 젊을 때 부동산에 투자하는 것은 위험 부담이 큰 도전인 게 사실이다. 하지만 조금만 더 깊이 관심을 기울인다면 위험 부담만큼 큰 수익을 낼 수 있는 것이 부동산 재테크라고 할 수 있다. 남들보다 조금 더 아끼고 모아 종잣돈을 마련한 많은 젊은 세대는 이미 부동산 투자를 시작하고 있다.

　서두에 밝혔듯이 건물주를 흉보면 건물주가 될 수 없다. 그들이 어떻게 건물주가 될 수 있었는지 공부부터 하는 것이 중요하다. 정부의 정책을 공부하고, 시장을 연구하고, 상권을 분석하고, 좋은 컨설턴트를 만나 상담하는 것이 좋다. 하루라도 젊을 때. 바로 지금부터 말이다.

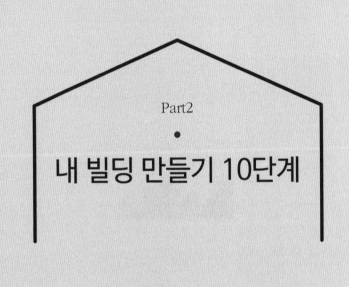

Part2

•

내 빌딩 만들기 10단계

빌딩 투자, 어디에 어떻게 할 것인가

길을 막고 물어보자. 갑자기 로또 1등에 당첨된다면 무엇을 하겠느냐고. 아마도 적지 않은 사람들이 "일단 똘똘한 빌딩부터 한 채 사고…."라는 말부터 시작할 것이다. 그런데 과연 자금력이 있다고 바로 건물주가 될 수 있는 것일까?

빌딩 매입이 마트에서 장보듯이 돈만 있으면 다 된다고 생각하는 사람들이 있는데 결코 그렇지 않다. 자동차 매장에 들어가서 "가장 비싼 걸로 주세요"라고 하면 아마도 그 매장 안에서 가장 좋은 것을 살 수 있겠지만 빌딩은 그렇지 않다. 빌딩은 비싸다고 다 좋은 것은 아니기 때문이다.

빌딩 매입에서 가장 중요한 것은 '싸다. 비싸다'의 문제가 아니라 내가 원하는 빌딩, 즉 목적에 맞는 빌딩을 합리적이고 똑똑한 방법으로 매입하는 데에 있다. 건물주가 되고자 한다면 최우선적으로 투자의 목적부터 정해야 한다. 구매 목적을 정확히 하고 흔들림 없이 매수과정을 밟아나가야 현명한 투자가 가능해진다.

빌딩 매입의 목적은 크게 임대 수익, 시세 차익, 자가 사용 등이 있다. 안정적 임대 수익을 원하는 투자자라면 주변 배후세대, 임대 시세, 임차인 현황 등을 따져야 하고, 시세 차익을 원하는 투자자라면 주변 개발 호재와 유동 인구에 따른 상권의 확장성 등을 따져야 한다. 또한 사옥으로 사용할 것인지, 입주해서 거주할 것인지도 명확히 해야 한다.

이외에도 여러 목적과 용도가 있는데 그 모든 것을 다 만족시키는 빌딩은 세상에 없다. 두 마리 토끼를 잡으려다가는 둘 다 놓치게 되니 가장 중요한, 본인이 원하는 투자 목적을 채울 수 있는 빌딩을 선택하는 것이 좋다. 목적에 부합한다는 것을 전제로 어디에 위치한 어떤 빌딩을 언제 매입해서 어떻게 관리하면 좋을지 정도는 알아야 겨우 건물주가 될 준비를 마친 것이라 할 수 있다.

Part2에서는 예비 건물주들을 위해 '내 빌딩 만들기 10단계'를 설명할 계획이다. 이른바 실전편으로 참고서의 핵심을 요점 정리한 것이라고 할 수 있다. 빌딩 투자를 어디서부터 어떻게 시작해야 할지 감이 잘 오지 않는다면 요긴한 자료가 될 것이다. 실제로 빌딩을 매입할 때 책을 들고 다니면서 순서대로 체크해나간다면 큰 실수를 줄일 수 있다.

내 빌딩 만들기
—입문(入門)

싸고 괜찮은 물건은 없다

"빌딩을 좀 살까 하고 알아보는 중인데요."

"어떤 용도의 빌딩을 찾으시나요?"

"당연히 임대 수익도 좋아야 하고, 또 나중에 팔 때 시세 차익도 얻을 수 있는 물건이죠."

고객과 상담할 때 자주 오가는 대화의 한 토막이다. 매입하려는 목적이 두루뭉술하고 애매한 상태로 매물을 찾으러 다니는 고객이 의외로 많다. 이는 매우 좋지 않은 자세라고 할 수 있다. 이런 경우 필자는 냉정하게 이야기한다.

"정확하게 용도를 정하셔야 합니다. 두 마리 토끼를 다 잡을 수는 없습니다. 안정적으로 임대 수익을 올릴 수 있는 빌딩을 찾으시거나, 장기적으로 시세 차익을 기대할 수 있는 가능성에 주목하시거나 해야 합니다."

"아, 그럼 급매로 싸게 나온 물건은 없나요? 싸고 괜찮은 똘똘한 매물."

"없습니다."

당연히 어느 정도 예산은 준비를 한 상태에서 빌딩을 알아보러 다니는 것이겠지만 싸게 나온 급매물부터 찾는 고객들도 많다. 또 역시 필자는 냉정하게 대답한다.

"비싸다고 나쁜 것도 아니고 싸다고 다 좋은 것도 아닙니다. 싼 데에는 다 그럴만한 이유가 있게 마련이죠. 싸면서도 괜찮은 물건이란 없습니다. 급매물에도 저마다 사연이 있지요."

좋은 것은 비싸고, 싼 것은 좋지 않다. 위치, 빌딩의 상태, 수익률, 관리의 용이함, 시세 차익 등 모든 것을 만족하면서 가격까지 착한 물건은 없다. 그런 매물은 시장에 잘 나오지도 않지만 나왔다가도 금세 다시 비싸진다. 급매물 역시 마찬가지다. 싸다는 소문을 듣고 매수자들이 몰리면 매도자는 한발 뒤로 물러서면서 가격을 올리게 되고 결국 시세와 비슷한 수준에서 거래되고는 한다. 이것은 아주 상식적인 수요와 공급의 법칙이다. 아쉬운 사람이 결국 지게 되는 게임인데 아무리 많이 깎았다고 하더라도 주변 시세의 90% 수준이다.

그렇다면 싸다는 것은 무엇을 의미할까? 가격은 상대적인 것이기 때문에 인근에서 매매된 비슷한 규모의 빌딩과 비교했을 때 m^2당 가격이 더 싼지 비싼지를 판단하는 것이 일반적이다. 하지만 이런 단순 비교에 그쳐서는 합리적 투자를 할 수가 없다.

빌딩 매입에서 가장 중요한 것은 '싸다 비싸다'의 문제가 아니라 내가 원하는 빌딩, 즉 목적에 부합하는 빌딩을 합리적이고 똑똑한 방법으로 매입하는 것에 있다. 지금부터 그 합리적 투자 방법을 10단계로 정리해 설명하겠다.

착한 가격? 싼 데는 다 이유가 있다

가끔은 필자도 흔들릴 만큼 싼 급매물이 시장에 나올 때가 있다. 이런 매물을 접하면 어떻게 해야 할까? 초보 투자자들은 "지금 잡아두지 않으면 내일 중으로 다른 사람에게 팔릴 것"이라는 중개인의 말을 듣고 계약금부터 걸어두기 십상이다. 조심해야 한다. 정해진 가격에 대한 개념이 존재하지 않는 빌딩 시장에서 가격이 싼 급매물의 이유를 철저하게 분석하지 않으면 투자에 실패할 확률이 높다. 급매물의 이유부터 철저하게 분석해야 한다. 사례별 대처법에 대해서 간단히 살펴보자.

첫째, 권리 관계가 복잡해 정상적인 매각이 힘든 경우.
둘째, 매도인이 급전이 필요해 급매로 내놓은 경우.
셋째, 매물에 하자가 있어 제대로 된 가격을 받을 수 없는 경우.
넷째, 미래 가치가 떨어질 것이 예상되는 경우.

첫째, 빌딩을 매입할 때는 매도인과 매물, 2가지를 함께 살펴야 한다. 위에서 언급한 첫째와 둘째 사례는 매도자의 상황에서 나타나는 것이고, 셋째와 넷째 사례는 매물과 매물의 주변에서 나타나는 것이다.

먼저 매도자를 파악하기 위해서는 등기부등본을 열람하면 된다. 권리 관계가 복잡한 빌딩은 등기부등본 갑구 역시 복잡하다. 가등기, 매매예약, 가압류, 가처분 등의 살벌한 단어가 적힌 경우가 많다. 가등기가 있는 매물은 가등기의 순위가 높은지 낮은지를 판단한 후 가등기권자에게서 가등기를 양도받는 것이 제일 좋다. 가압류와 가처분은 해당 금액이 얼마인지 알아보고 금액을 처리하는 방법을 매매계약서에 명시하면서 해당 권리가 말소될 수 있는 방법을 정하면 된다.

둘째, 근저당권이 설정된 것들을 보아야 한다. 매도인이 급전이 필요한 경우라면 대부분 등기부등본의 을구에 기재된다. 애초에 빌딩을 매입할 때 설정된 근저당권은 본인이 감당할 수 있다고 판단하고 대출받은 것이라서 액수가 많더라도 큰 의미가 없는 경우가 많다. 주목할 것은 최근에 설정된 대출이다.

제1금융권이지만 금액이 큰 경우, 그전에 대출을 받았던 은행이 아니라 다른 은행에서 대환이 이루어지면서 금액이 커진 경우, 근저당권 설정 은행이 제1금융권이 아니라 저축은행이나 캐피탈처럼 제2, 제3금융권인 경우 등을 주목해야 한다.

만일 개인이 설정한 사채라면 더더욱 급전이 필요했던 경우가 될 것이다. 그리고 소유주의 나이가 많은 빌딩에서 흔히 보이는 현상인데 매년 2~3억 원씩 근저당권이 설정되는 경우가 있다. 이는 보통 생활비를 충당하기 위해 대출을 받은 경우가 많다. 소득은 없는데 지출은 여전하기 때문에 곶감 빼먹듯이 조금씩 조금씩 빌리는 것이다.

그 외에도 많은 권리 관계가 등기부등본에 기재된다. 설정일자와 연관성을 유추해보면 매도자의 현재 상황을 예측할 수 있다. 문제는 등기부등본에 나타나지 않는 권리인데 가장 대표적인 것이 유치권이다. 유치권은 보통 공사 대금을 회수하기 위해 부동산을 점유하면서 주장하는 권리라서 등기부등본에 기재하지 않는다. 현장을 알아야 확인할 수 있는 권리이다. 따라서 만일 처음으로 빌딩을 매입하는 사람이라면 매물을 소개하는 중개인에게 매도자의 상황과 매도의 이유에 대해서 꼭 물어야 한다.

흔히 빌딩을 사고판다고 말하지만 사실은 빌딩의 소유권을 사고파는 것이다. 그게 그거 아니냐고 하겠지만 엄연히 다른 이야기이다. 빌딩 매입을 앞두고 있다면 소유권을 가지고 있는 소유자의 상황에 대한 확인이 1순위여야 한다.

셋째, 매물에 하자가 있는 경우는 그 하자가 원천적인 하자인지 후천적인 하자인지 파악하는 것이 중요하다.

사람이 나이를 먹으면 병원을 자주 찾고 먹는 약이 늘어나듯이 빌딩도 나이를 먹으면 조금씩 고쳐가면서 써야 한다. 고칠 부분이 있다면 고치면 된다. 너무 겁먹을 필요가 없다. 빌딩은 사람처럼 못 고치는 불치의 병은 없기 때문이다. 빌딩에서 땅은 마치 자동차의 엔진과 같아서 어떻게 할 수 있는 부분이 아니다. 하지만 건축물은 언제든지 바꿀 수 있다. 자동차의 옵션과 같은 것이기 때문이다.

우선 수리 범위를 파악하고 비용과 기간을 따져 총 투입비를 생각해야 한다. 약간의 수리로 끝날 부분인지 전체를 대수선(大修繕)해야 할 부분인지 파악하고 그 번거로움을 가격으로 환산해 매도자에게 제시하고 그 금액이 받아들여진다면 무난하게 계약이 성사되는 것이다.

참고로 대수선이란 건축물의 기둥, 보, 내력벽, 주 계단 등의 구조나 외부 형태를 수선·변경하거나 증설하는 것으로 증개축 또는 재축과 다르다. 이 부분은 뒤에서 자세히 설명할 예정이다.

그런데 재미있는 사실은 시설에 하자가 있는 물건만 찾는 분도 있다는 것이다. 좋은 입지에 있는 빌딩이지만 시설에 하자가 있어 다른 매수자가 거들떠보지 않는 물건을 저렴하게 매입한 다음 리모델링을 해서 정상적인 물건으로 만들고자 하는 것이다. 경쟁자가 없으면 단독으로 매도자와 협의가 가능하고 자연스레 본인에게 유리한 조건으로 마무리할 수 있기 때문이다. 이런 분들은 빌딩에 대한 경험이 풍부하거나 이런 저런 하자를 정리할 능력을 지닌 분들이다. 처음 빌딩을 매입하는 빌딩 초보자들은 쉽지 않을 수 있다. 그래서 신중한 선택이 필요하다.

넷째, 미래 가치의 하락이 예상되는 경우이다. 답은 명쾌하다. "사지 마세요"다.

미래 가치가 하락할 지역에 있는 빌딩은 아무리 싸도 사지 말아야 한다. 필자는 가치에 투자하는 것을 좋아하는데 미래 가치가 없다는 것은 죽어가는 것과 같다. 미래 가치가 없는 빌딩은 미래에 팔기가 쉽지 않다. 필자가 환금성을 가장 중요한 투자 원칙으로 보는 것도 이 때문이다.

원래 빌딩 시장은 트렌드에 민감하게 반응하지 않았다. 하지만 요즘은 상권이 빠르게 성장하고 쇠퇴하면서 빌딩 시장도 트렌드에 영향을 많이 받는 재테크 상품이 되었다. 이러한 관점으로 보자면 한 번 죽은 상권은 다시 살아나기가 어렵다. 이미 죽은 상권 또는 죽어가는 상권이 살아나는 것을 기다리기보다는 뜨는 상권을 찾아 투자하는 것이 낫다.

다음은 '내 빌딩 만들기 10단계'에 대한 전략과 전술이다. 간단하게 말하면 빌딩 투자 로드맵 정도가 될 것 같다. 거창한 이야기는 아니지만 정확하게 알고 있는 사람도 별로 없다. 빌딩 투자를 어디서부터 어떻게 시작해야 할지 감을 잡지 못하는 예비 건물주들에게 실질적인 도움을 주기 위해 정리한 실전편이라고 할 수 있다. 실제로 빌딩을 매입할 때 들고 다니면서 순서대로 체크해 나간다면 큰 실수를 줄일 수 있을 것이다. 우선 가장 중요한 1단계는 정확한 자금 계획을 세우는 것이다.

내 빌딩 만들기
– 실전(實戰)

제1단계 : 자금 계획 세우기

[3초 Summary]

1. 현금 투자분과 대출 가능 금액을 계산한 후 매입 자금을 확정할 것.

2. 감정가에 따른 대출 가능 금액을 확인할 것.

3. 매매가 외 보증금, 취득세, 중개수수료 등 부수적 자금을 예산에 넣을 것.

매입 자금 총액 확정하기 : 보유 자산과 대출

빌딩 투자의 첫 단계는 정확한 매입 자금의 계획을 세우는 것에서부터 시작된다. 당연한 이야기가 아니냐고 반문하는 독자들도 있겠지만 자금 계획이 불명확한 상태에서 무턱대고 빌딩 매입에 뛰어드는 투자자들도 적지 않다. 엄밀하게 말해 빌딩 매매는 자금 문제에서 시작해 자금 해결로 끝이 난다. 매입 준비부터 매입 실행까지 철저하게 계획된 자금에서 시작, 치밀하게 계산된 자금으로 끝이 난다. 금액도 시간도 여유를 갖고 움직여야 한다. 급한 마음에 서두르다가 공든 빌딩이 무너지는 것은 한순간이다.

투자 자금을 계획할 때는 먼저 '투자 가능한 나의 현금 자산'과 '금융권 대출이 가능한 금액'을 파악해야 한다. 이 둘을 합한 금액이 나의 운용 자금이 된다. 이러한 계획을 세울 때 꼭 부수적 비용도 예산에 반영해야 한다. 빌딩을 매입할 때는 취득세, 중개수수료 등 추가비용이 발생하게 되는데 오로지 매매 가격만 생각하고 자금을 준비하는 투자자들이 있다. 이는 마치 초보 사업가들이 부가세를 생각하지 않고 있다가 폭탄을 맞았다고 울상을 짓는 것과 비슷하다.

단돈 10만 원이라도 부족하면 부족한 것이다. '그게 얼마 되겠어?' 하면서 간과하면 안 된다. 반드시 '취득세+부동산 중개수수료−임대보증금'의 방식으로 계산하는 부수적 비용을 염두에 두고 있어야 한다.

이처럼 부동산 투자는 부수적 비용이 많이 발생하는 투자 상품이기 때문에 빈번한 거래로는 수익을 얻기 힘들다. 따라서 장기 투자의 안목으로 접근하는 것이 좋다. "벌기는 벌었는데 세금 내고 나니 내 손에 남는 게 없더라."고 할 때만큼 속상한 경우도 없다. 벌고자 마음먹었으면 반드시 벌어야 한다.

가능한 대출 금액 확인하기 : 담보대출과 신용대출

(1) 빌딩 감정가 확인하기

은행은 '탁상감정가'를 감정평가법인에게 의뢰한다. '탁상감정가'는 흔히 '탁감'이라고 한다. 탁상이라는 단어에서 알 수 있듯 '책상 위 가격'이다. 공시지가와 최근 매매사례 등 기존의 알려진 정보만 가지고 현장 실사 없이 도출하는 약식감정이다. 흔히 비용이나 시간이 많이 필요치 않아서 대출 여부를 판단할 때 많이 사용된다.

이렇게 탁감이 나오면 해당 은행에서 가능한 담보대출 가능 금액을 확인할 수 있다. 빌딩은 주택이나 아파트와 달리 정해진 담보대출 가능 금액에 신용대출을 더할 수 있다. 빌딩 투자는 사업을 하기 위해 매입하는 것이다. 사옥으로 쓰기 위해 매입하는 경우는 당연하고 그 외에 임대 수익을 목적으로 매입하는 경우도 정확하게 이야기하면 임대업을 하기 위해 매입하는 것이다. 즉, 사업자대출로 분류된다. 그렇기 때문에 기본적인 담보대출에 차입자의 신용도에 따라 신용대출을 더 할 수 있다. 2억 원으로 20억 원짜리 빌딩을 샀다는 믿을 수 없는 일이 가능한 이유이기도 하다.

(2) 신용대출

해당 빌딩을 담보로 제공하고 받는 담보대출 금액을 알아본 후 추가로 대출이 더 필요하다면 신용대출을 통해 충당할 수 있다. 이 경우 개인의 신용에 따라 금리가 달라질 수 있고 은행에 따라 대출 금액이 조금씩 차이가 있을 수 있다. 따라서 주거래 은행뿐만 아니라 다른 은행에서도 대출금액 및 금리를 체크해서 비교해보는 것이 좋다. 발품은 팔면 팔수록 본인에게 이익이다.

신용평가에서 은행이 주목하는 것은 매수자의 업종, 소득금액, 직업 등을 토대로 한 신용등급과 채무상환능력이다. 여기에 다른 부동산을 많이 보유하고 있으면 더 높은 점수를 받을 수 있다. 보통 대기업에 근무하는 직장인이거나 의사, 변호사 등처럼 안정적인 직업이면 등급이 높게 평가된다.

제1금융권에서 원하는 금액만큼의 대출이 어려울 경우 저축은행 같은 제2금융권까지 포함해서 대출을 받을 수도 있다. 이렇게 되면 금리는 올라가게 된다. 현재 금리 수준을 고려하면 제2금융권까지 포함해서 대출을 받을 경우 역레버리지효과(逆leverage effect)가 날 수도 있으니 주의해야 한다.

그리고 은행에 대출금액을 의뢰한다고 신용도가 낮아지거나 잘못되는 것이 아니다. 그래서 괜찮은 빌딩이 있으면 대출 의뢰를 해보는 것이 좋다. 물론 본인의 신용까지 체크할 수 있도록 필요한 서류를 제출해야 한다. 그래야 은행에서 본인을 평가하는 기준을 미리 체크해볼 수 있다. 좋은 조건으로 대출 받기에 부족한 게 있으면 조건을 채우면서 좋은 빌딩을 찾으면 된다.

(3) 대출, 과연 다다익선일까?

빌딩을 통해 부를 확장하고자 한다면, 즉 수익형 빌딩 매입이 목적이라면 은행대출을 받아서 매입하는 것이 좋다. 돈이 없어서가 아니라 수익적인 부분을 따져보면 훨씬 낫기 때문이다.

첫째, 같은 현금을 투자하더라도 대출을 활용한다면 더 높은 수익을 올릴 수 있다.

예를 들어, 대출을 받지 않고 순수하게 본인의 자금으로 20억 원짜리 빌딩을 매입한 A씨는 연수익률 4%로 계산했을 때 약 660만 원 정도 임대 수익을 얻을 수 있다. 하지만 동일한 현금을 보유한 B씨는 매입가의 60% 정도를 대출로 충당하면서 과감하게 50억 원짜리 빌딩을 매입했다. 이 경우 약 1,660만 원 정도의 임대 수익이 가능해진다.

대출이자 때문에 수익이 감소하는 것이라고 생각하기 쉬우나 꼭 그런 것만은 아니다. 임대 수익만 좋으면 대출이자를 충분히 상계할 수 있기 때문이다. 30억 원 정도를 대출받아 50억 원짜리 건물을 매입했다면 월 이자가 약 750만 원 정도 되기 때문에 결국 실수령액은 910만 원이다. 대출을 받지 않은 투자자보다 월 250만 원 정도 더 받게 되는 것인데 1년으로 따진다면 그 차액이 무려 3,000만 원이나 된다. 투자 기간이 길어지면 길어질수록 당연히 그 차이는 더 커지게 된다.

빌딩 투자는 멀리 내다보아야 한다. 대출이자가 무서워서 쌈짓돈으로만 매입한 빌딩은 크게 되기 어렵다. 하지만 과감하게 덩치 큰 빌딩을 매입하면 몇 년 후 효자가 되어 돌아올 확률이 높아진다. 만약 3년 동안 지가 상승이 10% 정도라고 가정한다면 A투자자의 수익은 약 4억 3,000만 원이고, B투자자의 수익은 약 8억 2,000만 원으로 4억 원에 가까운 차이가 난다.

이처럼 대출을 어떻게 이용하느냐에 따라 동일한 금액을 투자하더라도 추후 얻을 수 있는 수익은 차이가 날 수밖에 없다. 그렇기 때문에 대출을 이용할 수 있다면 적극 활용하는 것이 좋다. 동일한 투자금으로 최대한의 수익을 볼 수 있는 방법이 있다면 당연히 선택해야 한다.

둘째, 소득금액에 대한 비용처리 문제도 대출을 받는 편이 유리하다.

월세도 소득이기 때문에 월세에 대한 소득세를 납부해야 하는데 대출을 이용하면 그 이자만큼 비용처리를 할 수 있다. 지출로 인정되기 때문에 소득세가 낮아지는 효과가 있다. 다만 비용처리가 가능한 이자는 빌딩을 매입할 때 매입자금융으로 받은 대출금에 대한 이자만 적용된다. 매입 후 추가로 대출받는 것은 운용 용도의 대출이기 때문에 해당 이자는 비용처리에서 제외된다. 그래서 매입할 당시에 충분히 대출을 이용하는 것이 좋다.

사실 1, 2년 전만 해도 위와 같은 내용들을 주로 상담했다. 하지만 문재인 정부 이후 상황이 달라졌다. 2018년 3월 26일부터 시행된 임대사업자 이자상환비율, 즉 RTI 심사를 비롯해 부동산 임대사업자들에 대한 각종 규제가 생겨난 것이다.

RTI 규제는 연간 임대소득이 대출이자의 몇 배가 되는지를 계산한 것으로서 임대수익만으로도 은행이자를 낼 수 있는 사람(빌딩)에게만 대출을 허가해서 부실채권을 만들지 않겠다는 정책이다. 실제로 RTI 규제를 시작한 후 2~3개월 동안은 빌딩 거래량이 일시적으로 감소한 바 있다. 참고로 RTI는 개인 임대사업자에게만 적용되고 법인사업자는 해당되지 않는다.

구체적으로 살펴보면 주택용 부동산의 경우 임대수익이 이자비용의 1.25배, 상업용 부동산의 경우 1.5배가 넘어야 대출이 가능하도록 규제했다. 쉽게 120%, 150%로 계산하면 편하다. 만일 연간 이자가 1,000만 원에 달하는 대출을 희망한다면 빌딩의 용도가 주택인 경우 1,250만 원,

상가인 경우 1,500만 원 이상이 되어야 대출이 가능하다는 말이다.

계산법을 보면 연간임대수익을 연간이자비용으로 나눈 값으로서 주택용 부동산의 경우 '연간임대수익÷연간이자비용=1.25 이상', 상업용 부동산의 경우 '연간임대수익÷연간이자비용=1.5 이상'이다. 연간이자에는 신규 대출이자 비용과 기존 대출이자를 포함해서 계산하며 변동금리의 경우 금리 상승을 대비해 스트레스 금리 1%가 가산된다. 3년 이상의 고정금리를 적용할 때는 스트레스 금리를 반영하지 않는다. 그래서 RTI 때문에 대출금액이 제한될 때는 고정금리를 이용해 해결하는 방법도 있다.

예를 들어 매매가 14억 원짜리 근생빌딩(감정가 11억 원, 보증금 1억 원, 월임대료 400만 원)의 경우를 살펴보자. RTI 시행 이전이라면 개인자금 5억 원에 총 8억 원(담보대출 6억 4,000만 원, 신용대출 1억 6,000만 원)의 대출을 받아 매입이 가능했다. 월이자 233만 원(금리 3.5%)만 내다가 만기가 되면 대출을 연장하거나 더 좋은 조건의 은행으로 갈아타면 되었다. 대출을 이용한 빌딩 투자를 하는 것이 모든 면에서 좋았다. 결론은 임대료에서 월이자를 내고도 167만 원이 남았다.

하지만 RTI 시행 이후부터 위의 빌딩은 RTI가 138%밖에 나오지 않기 때문에 8억 원 대출은 불가능해졌다. 신용대출금을 낮춘다면 7억 5,000만 원까지는 가능하지만 5,000만 원이 부족해서 마음에 드는 빌딩을 포기해야 한다. 하지만 월 임대료가 450만 원으로 오른다면 RTI가 155%가 되면서 8억 원까지 가능해진다.

다만 RTI 시행 이후 신용대출 부분에 대해서 1년 동안 원금의 10%를 상환하도록 했다. 그러면 전체 금액에 대한 이자와 신용대출의 10%에 해당하는 원금의 한 달치를 원리금상환 방식으로 갚아야 한다. 이 경우 동일하게 8억 원을 대출받으면 월 상환액은 369만 원(이자 236만 원+원금 133만 원) 정도가 된다. 매달 지출되는 금액이 늘어난 셈이 되었다.

RTI 시행 전에도 은행에서는 대출의 안정성을 유지하기 위해 유효담보가액을 초과하는 금액에 대해서는 원금상환을 요구하기도 했다. 하지만 대출을 받을 때 차입자와의 협의사항이었지 의무사항은 아니었다. 차입자가 싫다고 하면 어쩔 도리가 없었다. 하지만 지금은 다르다. 차입자가 싫다고 하면 대출실행이 되지 않도록 법으로 정한 것이다. 이처럼 RTI 시행과 원금분할상환 의무화 시행으로 담보부동산에서 대출금액이 적어지면서 소액자본으로 고가의 빌딩을 매입하는 것이 사실상 어려워졌다.

그나마 최근 조금 여유가 생긴 것이 금리가 동결되면서 실제 대출금리가 3.5%보다 낮아졌다는 점이다. 그 결과 연간이자비용이 줄어들면서 RTI에 조금의 여유가 생겼다. 2018년에 대출이 안 되던 빌딩이 최근에 금리가 낮게 측정되면서 대출금액이 높아져 계약이 성사된 사례도 있다. RTI 시행 후 금리변동에 따라 대출금액이 변하는 현상이 생긴 것이다. 이것이 대출을 받기 전에 여러 은행을 비교해야 하는 이유이기도 하다.

시뮬레이션 : 현금 10억으로 30억 빌딩 매입하기

현금자산 10억 원인 투자자가 30억 원짜리 빌딩을 매입하고자 할 때 자금 계획을 세우는 방법을 예로 들면 아래와 같다.

매매가	₩3,000,000,000	
보증금	₩200,000,000	임대차 승계
대출금	₩1,500,000,000	매매가의 50%
취득비용	₩144,000,000	취득세 4.6% + α(법무사 비용, 채권할인료 등 기타 비용 포함)
중개수수료	₩27,000,000	매매가의 0.9%
실제 현금투입	₩1,471,000,000	{매매가-(보증금+대출)} + (취득세+중개수수료)

제2단계 : 빌딩의 종류와 지역 선택

[3초 Summary]

1. 직접 사용할지, 수익용인지 매입의 목적을 명확히 할 것.

2. 목적을 정한 후 종류와 지역을 선택할 것.

3. 지역은 서울, 수도권 등 큰 범위보다는 ○○구 ○○동처럼 구체적인 범위로 찾을 것.

빌딩 매입에서 가장 중요한 것은 구매 목적

앞의 입문편에서 살짝 언급했듯이 빌딩 매입에서 가장 중요한 것은 내가 원하는 빌딩을 얼마나 합리적이고 똑똑한 방법으로 매입하느냐 하는 데에 있다. 원하는 빌딩이란 목적에 맞는다는 뜻이다. 즉, 건물주가 되고자 한다면 제일 먼저 빌딩 투자의 목적부터 정해야 한다. 구매 목적을 정확히 해야 빌딩의 종류를 고를 수 있다.

상가용, 사무용 등 빌딩의 종류에 따라서도 임대 수익이나 투자 가치가 달라지지만 직접 사용하는 용도인지 수익을 위한 용도인지에 따라서도 투자 전략이 달라지기 때문이다.

빌딩의 용도는 크게 임대 수익, 시세 차익, 자가 사용 등이 있다. 직접 사용할 목적이라면 사옥용과 주거+상가용으로 나눌 수 있고 수익을 목적으로 한다면 투자용과 임대수익용으로 구분할 수 있다. 안정적 임대수익을 원하는 투자자라면 주변 배후세대, 임대 시세, 임차인 현황 등을 따져보아야 하고, 시세 차익을 원하는 투자자라면 주변 개발호재와 유동 인구에 따른 상권의 확장성 등을 따져보아야 한다. 보통 전자는 연세가 지긋한 고객에게, 후자는 젊은 고객에게 추천하고 있다.

(1) 직접 사용하는 경우

‼ 사옥형 빌딩

앞서 설명한 것처럼 금리는 낮아지는 반면 사무실 임대료는 점점 올라가면서 사옥을 매입하려는 법인들이 늘고 있다. 은행 역시 법인 고객을 잡기 위해 좋은 조건의 대출을 내놓고 있다.

사옥을 매입할 때의 장점은 몇 가지가 있다. 먼저 임대료보다 싼 이자로 지출은 줄이고(일부만 사용하고 나머지는 임차인에게 임대한다면 지출비용이 0에 가까워질 수 있다), 빌딩을 회사의 성격에 맞게 리모델링해 브랜드 이미지를 높일 수 있으며, 지가 상승에 따라 빌딩 가격도 높아지므로 향후 시세 차익도 기대할 수 있다. 사옥용 빌딩을 매입할 때 주의해야 할 체크사항은 아래와 같다.

첫째, 명도여부

매입할 빌딩 내 임차인들과 최초 계약일 및 만기일을 확인한 후 거래를 진행해야 한다. 명도 일정, 인테리어 기간, 입주 예정일 등을 종합적으로 고려해서 매입 계획을 세워야 한다. 최초 계약일을 따져야 하는 이유는 임차인의 계약갱신요구권이 10년으로 늘어나 임대만기가 되어서 임차인이 계약갱신을 요구한다면 명도와 관련해 임차인과 협의를 해야 하기 때문이다.

계약갱신요구권이 시행된 2014년 11월 16일 이후에 최초 입주한 임차인들은 10년간 계약이 끝나면 갱신 요구를 주장할 수 있다고 보아야 한다. 상가임대차보호법은 환산보증금 이하의 임차인에게 적용되는 법이지만 이 계약갱신요구권은 상가임대차보호법 적용 여부와 상관없이 모든 임차인에게 적용되는 법이다. 혼선을 빚지 않게끔 주의해야 한다.

둘째, 필요면적

현재 사용 중인 사무실 면적과 매입할 빌딩의 면적을 비교해야 한다. 반드시 전용면적을 비교해 필요면적에 합당한지 확인해야 한다. 전용면적 외에 주차 공간도 확인해야 한다. 특히 연예인용 밴이 여러 대 필요한 엔터테인먼트 회사나 손님이 많이 드나드는 회사라면 주차 공간 확보가 필수적이다.

셋째, 위치

기존 사무실의 위치와 가까운지, 직원들이 출퇴근할 때 대중교통은 어떤지, 출퇴근 시간에 영향은 없는지, 근무 환경에 영향을 주는 유해시설은 없는지 등도 따져보아야 한다. 이는 현재 근무하는 직원들뿐만 아니라 향후 새롭게 채용하는 직원들에게도 중요한 요인이 될 수 있다. 사옥이 첫인상을 좌우할 수 있기 때문이다.

하지만 일부 중소기업 대표들이 직원들의 의견을 무시하고 본인이 원하는 지역의 빌딩을 매입하는 경우가 종종 있다. 매입 후 3~4년 정도 시간이 흐른 뒤에 기존 직원들이 대부분 퇴사하는 경우를 필자는 많이 보았다. 사옥은 대표와 직원들이 함께 근무하는 공간이므로 직원들의 의견도 존중할 필요가 있다고 하겠다.

:: 상가주택빌딩

빌딩 내 일부 층에 주거 공간이 있는 빌딩으로서 직접 거주를 하며 임대 수익까지 얻을 수 있는 일거양득의 장점이 있다. 주거 비용을 빌딩 매입 비용으로 융통해서 쓸 수 있다. 보통 자금이 부족하거나 처음 빌딩을 매입하는 투자자들이 이런 결정을 많이 하는 편이다. 다만 매입하기 전에 아래 2가지를 확인해야 한다.

첫째, 주거 공간의 면적

먼저 거주해야 할 공간의 평수와 전용면적을 확인해야 한다. 빌딩 내 주거 공간은 아파트처럼 정해진 평수와 도면이 있는 것이 아니라서 꼼꼼하게 파악해야 한다. 아파트와 달라서 예상치 못한 불편을 감수해야 할 수도 있다.

둘째, 임대 상가의 업종

임대를 주게 될 상가의 업종을 확인해야 한다. 원하지 않는 유흥 시설이나 주거에 피해가 될만한 업종은 없는지 살펴야 한다. 특히 자녀가 있다면 더욱 조심해야 한다. 공실이라고 섣불리 임대를 주었다가 맘대로 내보내지 못해 고충을 겪게 될 수도 있다.

이런 빌딩을 보면 주변과 비교했을 때 임대료 수준이 낮은 것이 많다. 매일매일 얼굴보고 같이 지내다 보면 이웃사촌이라는 감정이 쌓이고 이런저런 도움도 주고받으면서 생활하게 된다. 때문에 유난히 정에 약한 한국 사람들은 임대료를 공격적으로 올리지 못하는 경우가 많다. 임대료 인상 타이밍을 놓치거나, "좋은 게 좋은 거"라는 생각에 덜 올리거나, 임차인의 사정을 너무 많이 배려하다 보면 주변보다 임대료 수준이 낮아질 수밖에 없을 것이다. 이런 이유에서 필자는 상가주택빌딩을 웬만해서는 추천하지 않는다.

(2) 수익용 빌딩

예비 건물주들이 가장 많이 찾는 것이 수익용 빌딩이다. 원하는 조건을 100% 만족시켜주는 완벽한 빌딩은 없다. 조건이 맞으면 가격이 비싸고 가격이 맞으면 조건이 좋지 않다.

투자가치가 뛰어나면 임대 수익이 나오지 않고, 임대 수익이 높으면 투자가치가 낮다. 투자가치가 높은 빌딩이라면 당연히 건물주가 높은 가격에 팔려고 하기 때문에 매매가 대비 임대 수익은 낮아질 수밖에 없다. 반대로 투자가치가 낮은 빌딩이라면 그에 맞게 임대 수익을 높여야 매각이 가능하므로 매매가격을 낮춰서 매매가 대비 임대 수익을 높여야 할 것이다.

∷ 투자수익용

저금리 시대에 저축보다 나은 투자처를 찾는 경우, 특히 현재 월수입이 있어 임대 수익에 별로 의존하지 않는 경우라면 지가 상승으로 인해 향후 시세 차익을 기대할 수 있는 투자수익용 빌딩을 선택하는 것이 좋다.

이는 미래의 불확실한 수익을 겨냥해 빌딩의 향후 가치에 투자했다고 보면 된다. 가격 상승을 기대하고 매입하는 것이기 때문에 당연히 어느 정도 리스크가 존재할 수밖에 없다. 주변이 개발될 것을 예상하고 매입했는데 개발계획이 보류되면서 묶이는 경우도 많다. 리스크가 높은만큼 향후 투자 수익도 높아서 공격적으로 투자를 즐기는 젊은 매입자들이 선호하는 빌딩이다.

∷ 임대수익용

임대 수익이 목적이라면 매매가 대비 임대수익률이 높은 빌딩을 물색해야 한다. 빌딩을 매입할 때 대출 비율이 높아 이자를 내야 하는 부담이 크거나 혹은 노후에 고정적인 임대 수익을 원한다면 매매가 대비 임대 수익이 높은 빌딩을 찾는 것이 좋다.

예상할 수 있는 규모의 임대료가 발생하는 빌딩이라서 실현 수익에 큰 의미를 두는 투자라고 할 수 있다. 이때는 현 임차인들이 오래된 임차인인지, 영업은 잘 되는지, 임대료 연체는 없는지 등을 꼼꼼히 따져야 한다. 지출 비용까지 체크해서 임대료 수입에서 지출 비용을 뺀 순수입이 얼마인지 확인해야 한다. 매입한 후에 현재 임차인들과 꾸준히 관계를 유지해야 하기 때문에 원만한 관리를 위해 조금 더 꼼꼼히 확인한 후 매입을 결정하는 것이 좋다.

매입지역 선택 : 잘 아는 동네를 노려라

직접 사용할 용도인지 수익용인지 등 매입의 목적이 정해졌다면 그 다음은 지역을 선택해야 한다. 구체적인 매물도 중요하지만 부동산은 무엇보다 입지가 중요하다. 입지 선정 1순위는 본인이 잘 아는 지역이고, 2순위가 사람들이 뜬다고 말하는 지역이다. 이는 주변의 지인이라기보다는 언론, 포털사이트 등에서 계속 노출되는 지역을 말하는 것이다.

(1) 구체적인 지역을 염두에 둬야

빌딩을 매입할 지역을 선택할 때는 서울, 경기북부, 경기남부, 수도권 등 광범위한 지역을 선택하는 것보다 ○○구 ○○동처럼 구체적인 지역을 미리 정한 다음 자신의 조건에 맞는 빌딩을 알아보는 것이 효율적이다.

그렇다면 어디서부터 찾아보아야 할까? 자금 여력이 있는 매수자라면 강남구, 명동, 홍대 등 톱3 지역부터 찾아보는 것이 좋다. 우리가 찾는 빌딩에는 근생시설이 입점해야 하므로 기존 인프라가 중요하다.

총 투입자금이 크지 않거나 자금 여력이 조금 부족하다면 강남구 진입이 용이한 서초, 송파, 용산, 성동, 광진, 동작, 강동 등의 지역에서 개발 호재가 있는 곳을 눈여겨볼 필요가 있다. 현재 부의 중심은 강남이라서 이곳을 쉽게 오갈 수 있는 지역의 상권이 발달하는 사례들이 적지 않다.

하지만 초보 투자자이고 자금도 충분하지 않다면 이미 뜬 동네보다는 잘 아는 동네부터 공략하는 것이 시간과 돈을 아끼는 현명한 방법이다.

(2) 모르거나 이미 뜬 동네보다는 잘 아는 동네를

흔히 빌딩을 매입한다고 하면 가로수길이나 성수동 등 핫플레이스부터 가보는 경우가 많다. 이는 권장할만한 투자 방법이 아니다. 이미 떠버린 동네에서는 30억 원대 미만의 빌딩을 찾기 어렵기 때문이다. 어렵게 찾았더라도 시세가 정해진 임차인의 월세를 무한정 올릴 수 없으니 무리하게 매입했다가는 큰 낭패를 볼 수도 있다. 또한 빠르게 성장한 곳이라 그만큼 빠르게 쇠퇴할 수도 있어 조심해야 한다. 빠른 변화에 대응하지 못해 훗날 팔지도 못하고 발이 묶이는 경우가 생길 수도 있다.

따라서 이미 뜬 동네보다는 잘 아는 동네부터 발품을 파는 것이 효과적이다. 고향이나 현 주거지, 출퇴근길 등 자주 다니는 지역의 빌딩은 누구보다 변화 추이를 잘 알기 때문에 판단에 필요한 데이터를 많이 수집할 수 있다.

잘 아는 동네를 다니면서 공인중개업소에 붙은 시세표의 변화를 지켜보고, 실제 매매된 사례를 보며, 이웃사촌들의 이야기를 듣다 보면 소중한 정보를 절로 얻게 된다. 또 공실이 많은 빌딩이 있다면 그 이유가 무엇인지, 어떤 매장 하나가 새로 입점하면서 빌딩의 가치가 어떻게 달라졌는지 등을 생생하게 챙겨볼 수 있다. 그 지역의 시세가 현재 투자가 가능한 자금에 맞지 않다면 그때 다른 지역으로 눈을 돌려도 늦지 않다. 첫 술에 배부른 투자는 체할 수 있다. 큰 수익도 중요하지만 리스크 관리가 먼저이다.

빌딩은 아무리 작은 매물일지라도 만만치 않은 돈이 투입된다. 따라서 어느 정도 자금력이 있고 소비력이 있는 상류층일 확률이 높다. 그런 사람들이 거주하는 곳, 자주 다니는 곳, 직장이 있는 곳은 자금의 흐름이 원활할 가능성이 높다. 그래서 빌딩 매입을 고려하고 있다면 잘 아는 동네, 자주 다니는 동네부터 검토해보라는 뜻이다.

이처럼 빌딩을 분석하는 자신만의 안목을 키우지 않는다면 투자에 실패할 확률이 매우 높다. 빌딩이란 주변 상권도 중요하지만 동시에 개별성이 강하기 때문에 직접 현장을 방문해서 오감으로 느끼는 것이 중요 포인트이다. 이는 제3단계에서 더 자세히 설명할 예정이다.

(3) 무조건 대로변보다는 이면 도로나 골목상권을

빌딩 투자에서 흔히 범하는 오류가 "빌딩은 역시 대로변에 있어야지"라는 생각이다. 이는 예전에 남아선호사상과도 같은 생각이라고 보면 된다. 무조건 '아들이 최고다'라고 말하는 것처럼 "대로변에 있어야 빌딩"이라는 생각들이 잘못된 판단을 하게 만든다.

대로변 빌딩들이 웅장하고 좋을 수는 있다. 하지만 지가가 높고 임대 수익이 좋은 대로변 빌딩은 누구나 노리기에는 가격이 너무 비싸다. 그래서 보통의 경우 일반 투자자는 금액에 맞춰 대부분 한산한 지역의 대로변 빌딩들을 매입한다. 그런데 과연 애초에 빌딩 매입을 하려고 했던 목적에 부합하는 투자일까?

요즘은 이면 도로에서 유동 인구가 모이는 노른자 지역의 빌딩들이 주목을 받고 있다. 상권이 형성되면서 무리가 만들어진 곳을 주목해야 한다. 빌딩 투자는 혼자 잘 났다고 되는 투자가 아니다. 어느 정도의 규모가 있어야 성공할 수 있다. 즉, 뱀의 머리보다는 용의 꼬리에 투자하는 편이 낫다는 것이다.

상권을 만들려고 애쓰기보다는 상권의 흐름에 따라가는 투자가 필요하다. 자금이 부족하다면 근생상권이 생길 수 있는 이면도로나 사람들이 많이 다니는 골목 중에서 지역적 상승요인을 가지고 있는 길목을 찾아야 한다. 이 부분은 Part3에서 따로 설명할 계획이다.

미래 가치는 개발 호재 혹은 인구·자본이 집약된 곳에 있다

"싸게 사서 비싸게 팔아야 한다"는 것이 투자의 기본 원칙이다. 향후 투자 상품을 처분할 때 이익을 더 남기기 위해서, 혹시 손해를 보더라도 그 손해를 최소화하기 위해서 상대적으로 저평가된 상품에 투자하는 것은 지극히 당연한 이치다. 이익을 기대할 수 없는 곳에 투자하는 사람은 없다.

가격이 "싸다"라고 할 수 있는 기준은 미래의 가격과 비교해 판단해야 한다. 만일 비싸게 사서 더 비싸게 팔 수 있는 가치가 존재한다면 비싼 게 아니라 싼 것이다. 반대로 현재 구입한 부동산의 가격이 아무리

싸다고 해도 미래에 가격이 떨어진다면 비싼 가격에 부동산을 잘못 매입한 것이 된다.

필자는 언제나 '과거'의 매매 사례를 근거로 '미래'의 매도 상황을 예측해 '현재'에 매수하라고 권한다. 현재 시점에서 미래의 가치에 투자하라는 것이다. 매입한 후에 어떻게 매도할지를 고민할 게 아니라 매입 시점부터 매도할 수 있는 빌딩을 사야 한다는 뜻이다.

따라서 미래 가치가 있는 원석을 잘 찾아내야 훗날 싸게 잘 샀다는 말을 할 수 있게 된다. 그런데 미래 가치가 있는 부동산이란 어떤 것일까?

첫째, 개발 호재가 있는 지역의 부동산이다.

지하철 개통이나 GTX 등 막대한 사회간접자본이 투입되는 지역은 향후 미래 가치가 있다는 것을 의미한다. 보통 개발 호재가 있는 지역에 위치한 부동산의 경우 매물의 가격에 프리미엄이 붙는다. 그 프리미엄이 적당한지 아닌지를 판단해 미래 가치를 따져야 한다.

여기서 중요한 포인트는 "유동 인구가 들어오는 개발이냐? 혹은 나가는 개발이냐?"를 따져보아야 한다는 것이다. 이 개발이 임차인들의 장사에 어떤 영향을 미칠 것인가를 면밀히 검토해야 한다는 것이다.

예를 들어, 주거지역이 밀집된 곳과 강남 등 중심 지역을 연결하는 지하철 노선이 생긴다면 그 주거지역의 근생상권은 어떻게 될까? 더 크고 좋은 상권과 연결이 되면서 고객을 빼앗길 수밖에 없다.

반대로 중심 지역은 타지역에서의 진입이 용이해지면서 더 많은 인구가 유입될 것이다. 그 결과 근생상권이 주거지역을 침범하면서 상권은 더욱 커질 것이다. 새롭게 생긴 노선이 빨대 역할을 하면서 더 많은 인구를 흡입하는 것이다. 이처럼 교통이 발달하면 할수록 중심가의 상권이 더욱 커지는 사례는 매우 많다.

이와 반대로 중심 상권과 연결된 주거지역은 어떻게 될까? 더 많은 인구가 거주를 목적으로 유입될 것이다. 거주 비용은 낮지만 중심 지역으로 이동이 편하기 때문에 자연스럽게 아파트와 오피스텔, 빌라, 다세대주택 등 주거 시설이 건축되면서 주거 환경은 더 좋아지게 될 것이다.

우리가 매입을 고려하는 것은 아파트가 아니라 수익용 빌딩이라는 사실을 간과해서는 안 된다. 이런 조건을 고루 갖추고 있는 곳이 바로 서울의 강남구다.

둘째, 개발 호재는 없지만 현재로서도 많은 인구와 자본이 집약된 곳의 부동산이다.

이러한 지역의 물건은 앞으로도 지속성장이 가능하기 때문에 안정성이 확보된 미래 가치가 있는 부동산이라 할 수 있다. 배후 세대가 많은 아파트 밀집 지역이 이런 경우에 해당될 것이다.

셋째, 외국인 관광 명소로 알려진 지역의 빌딩도 미래 가치가 높다.

10여 년 전부터 붐을 일으킨 한류가 드라마에서 K-POP으로 퍼지면서 한국을 찾는 외국인이 점점 많아지고 있다. 관광객은 내국인들보다 1인당 소비 금액이 큰 편이다. 짧은 여행기간 동안 관광, 선물 구입 등의 목적으로 많은 소비를 한다. 명동, 광화문 광장, 인사동, 강남역, 이태원, 홍대 등은 이런 외국인들이 많이 찾는 곳이다.

이러한 요소들을 기반으로 미래 가치를 어떻게 판단하는지에 따라 현재 투자하고자 하는 부동산의 가격이 저가인지 고가인지를 평가할 수 있다. 따라서 미래 가치를 판단하는 안목과 지식이 중요하다고 할 수 있다. 상식적인 말처럼 들리지만 귀신에 홀린 듯 비상식적인 투자 결정을 한 다음 후회하는 고객들이 적지 않다. 거액을 일시에 투입하고 몇 년 동안 묻어두는 빌딩 투자는 두 번 세 번 두들겨도 부족한 돌다리라고 할 수 있다.

임대 수익의 포트폴리오 : 1층보다 꼭대기 층을 눈여겨보아야

투자할 빌딩을 찾으러 다니는 투자자들은 대부분 가장 먼저 눈에 들어오는 1층부터 관심을 갖는다. 1층을 보고 빌딩이 좋다 나쁘다 가치를 판단하는 것인데 이는 아주 틀렸다고 할 수는 없으나 조금 부족한 투자 관점일 수 있다.

공부한 투자자라면 1층의 임차인에 만족하지 말고 고개를 들어 상층부를 주목할 필요가 있다. 적어도 3층 이상을 분석해야 한다. 왜일까?

1층은 임대료가 문제이지 임차인이 없는 것은 아니다. 투자자가 공실을 걱정할 필요가 없지만 상층부는 그렇지 않다. 업계 농담으로 "3층 이상 공실은 하늘의 뜻"이라는 말이 있을 정도로 공실의 위험이 크다.

상층부에 어떤 업종의 임차인이 입주했는지에 따라 그 지역의 임대 상황을 알 수 있다. 투자자들은 근생시설 또는 업무시설의 임차인을 가장 선호한다. 만일 주변 빌딩의 상층부에 원룸, 고시텔, 주택 등이 입주해 있다면 투자를 신중하게 고려해야 한다. 임대수익을 극대화시키기 위해 고시텔을 입점시키기도 하지만 대부분 근생시설이나 업무시설의 임차 수요가 없어 차선으로 주거 시설을 선택한 경우가 더 많기 때문이다. 이런 상권에 있는 빌딩을 매입했다가 상층부에 공실이 발생한다면 본인 역시 주거용으로 임대를 놓을 수밖에 없다.

주거 시설은 상권이 전혀 없는 곳에서도 임차가 가능한 용도라서 좋은 투자라고 할 수 없다. 그래서 요즘처럼 공실의 리스크가 큰 시기에는 1층은 한번 보고 꼭대기층은 2번 본 후 매입 여부를 선택하는 신중함이 필요하다.

그렇다고 해서 1층을 무시하라는 이야기는 아니다. 1층 임대료가 총 임대료에서 매우 큰 비중을 차지하면 꼭대기층을 무시해도 된다. 1층만으로도 목적한 수익률을 달성할 수 있기 때문이다. 일반적으로 우수한 상권일수록 1층의 임대료가 높은 비율을 차지한다. 대표적인 지역이 명동이다.

명동 근생빌딩의 예를 하나 들어보자. 총 5층인데 의류 매장이 임차한 1층의 임대료가 2,500만 원, 식당이 임차한 2층 임대료가 500만 원, 마사지숍이 임차한 3층 임대료가 200만 원, 사무실이 있는 4층 임대료가 100만 원이다. 그리고 5층은 공실이다.

결국 1층에서 대부분의 임대료가 나오는 구조다. 이런 빌딩이 매매로 나올 경우 ㎡당 가격이 주변 시세보다 높더라도 얼마든지 제 가격에 거래가 가능하다. 비록 공실이 있기는 하지만 이미 요구수익률을 달성하고 있기 때문이다.

	임차업종	월 임대료	비율
1층	의류매장	25,000,000원	76%
2층	식당	5,000,000원	15%
3층	마사지숍	2,000,000원	6%
4층	사무실	1,000,000원	3%
5층	공실	0 원	0%
전체		33,000,000원	100%

참고로, 제3종 일반주거지역은 건폐율이 50%, 용적률은 250% 정도 지만 제2종 일반주거지역은 건폐율 60%, 용적률 200% 수준이다. 1층 임대료 수준이 높은 지역에서는 제3종 일반주거지역보다는 제2종 일반주거지역일 경우가 더 좋을 수도 있다. 1층 임대 수익이 워낙 높은 비율을 차지하고 있어 건폐율 10%의 차이가 엄청난 임대 수익의 차이를 발생시키는 것이다. 명심하자. 건폐율이 높은 제2종 일반주거지역이 오히려 나을 수가 있다. 이런 지역의 좋은 예가 가로수길이다.

상가가 아닌 오피스 위주의 빌딩에서는 1층과 2층 임대료 비율이 양면성을 보이기도 한다. 테헤란로, 종로 등 업무시설 빌딩은 1층 임대료 비율이 전체의 10%인 경우도 있다. 1층 면적이 공용면적과 주차 시설로 인해 크지 않은 사례가 많기 때문이다.

역삼동에 위치한 12층짜리 업무시설 빌딩의 예를 들어보자. 1층 식당에서 나오는 임대료는 450만 원, 사무실이 임차한 2층부터 12층까지의 총 임대료는 4,850만 원. 결국 1층이 차지하는 임대료 비율이 8%에 불과하다.

▶임대차 비율 예시

	임차업종	월 임대료	비율
1층	식당	4,500,000원	8%
2층~12층	사무실	48,500,000원	92%
전체		53,000,000원	100%

이런 케이스가 꼭 나쁘다고만 볼 수는 없다. 명동의 예처럼 1층 임대료 비율이 높으면 경제상황의 영향을 받는다. 경기가 나빠지면 임대 수익도 낮아지는 리스크가 있지만 1층의 비율이 낮으면 공실 위험이 분산되므로 상대적으로 안정적이다. 이런 관리의 차이와 매입자의 성향에 따라 선호 빌딩이 달라지기도 한다.

임대 수익이 얼마나 높고 안정적이냐에 따라 빌딩의 가치가 달라진다. 단순히 ㎡당 가격만을 따져서는 곤란하다. 공부하는 투자자라면 다양한 분석법을 통해 임차인 하나하나를 분석하고 그 결과를 종합해 총체적인 임대 수익 포트폴리오를 구성해야 한다.

시세보다 비싸게 팔린 매물이 있다면 매도인을 부러워할 것이 아니라 매수인의 계산법을 연구해야 한다. 과연 어떤 메리트를 보고 투자했을까? 나라면 어떻게 했을까? 이런 생각을 하면서 공부를 해야 한다. 다시 한 번 강조하지만 어쩌다가 우연히 건물주가 되는 일은 없다.

제3단계 : 현장 답사 및 시세 파악

[3초 Summary]
1. 시세 파악 : 현장 답사와 주변 매매사례를 통해 직접 확인할 것.

2. 현장 답사 : 시간대별로 자주 방문. 임차인의 눈으로 건물 내외 부를 확인할 것.

3. 주변 조사 : 주변의 매매사례, 공실률, 상권의 성격, 임대료 수준 을 파악할 것.

4. 상가형 빌딩 : 지하철역과의 거리, 위치와 접근성, 공실률, 임차 인들의 관리 상태, 성업 여부 등을 확인할 것.

빌딩 찾기는 맞선이다

직접 사용할 용도인지 수익용인지, 투자수익용인지 임대수익용인지 등 매입의 목적이 정해졌다면, 그리고 원하는 지역도 선택했다면 그 다음은 좋은 빌딩을 만날 차례다. 매입을 검토하는 빌딩을 직접 찾아가서 주변 시세를 파악해 매입가가 적당한지를 따져야 하는 것이다.

필자는 늘 "답은 현장에 있다"는 말을 강조한다. 건물주가 되고자 한다면 직접 가서 보고 또 보아야 한다. 그래야 시세 파악이 가능하고 마음에 드는 매물을 결정할 수 있다. 보지 않으면 알 수 없다는 의미에서 빌딩을 고르는 것은 맞선과 비슷하다. 사진과 설명만으로 미래의 배우자를 결정해서는 곤란하지 않겠는가?

하지만 귀찮다는 이유로 현장 답사 대신 인터넷 지도의 로드뷰로 외관이나 주변 상권을 분석하는 투자자들이 간혹 있다. 심지어 그렇게 상담을 진행하는 부동산 중개인들도 있다. 매우 곤란하다. 실패 없는 부동산 투자를 하고 싶다면 현장 답사를 통해 매물을 분석하고 효율적으로 사용하기 위한 해법을 찾아야 한다. 아는 만큼 보인다는 말도 있지만 보는 만큼 알게 되는 것이다.

부동산, 특히 빌딩은 개별성이 매우 강한 재화다. 마치 예술 작품처럼 보는 사람에 따라, 판단하는 기준에 따라 그 가치가 판이하게 다른 것이다. 땅 속에 잠들어있던 항아리를 발견하고는 요강이라며 깨버리는 사람이 있는가 하면 조선백자인 것을 알아보고 그 가치를 키우는 사람이 있다. 마찬가지로 건물주는 자신의 안목과 수준에 맞는 빌딩을 갖게 된다. 그 능력이 부족하면 전문가를 만나서 여백을 채워야 한다. 피카소의 작품을 두고 그것이 진품인지 위조품인지, 진품이지만 가치가 있는지 없는지 파악하는 것이 전문 감정사의 역할인 것처럼 빌딩도 전문가의 역할이 매우 중요하다.

빌딩 투자의 전문가라면 일반적인 설명보다는 구체적인 매물을 가지고 설명해야 한다. "강남구에 있는 빌딩은 다 좋고, ○○구처럼 자립도가 낮은 곳에 있는 빌딩은 좋지 않으니 볼 필요도 없다"고 말하는 사람은 전문가가 아니다. 다 쓰러져가는 △△구 뒷골목에 황금알을 낳는 수익용 빌딩이 있을 수 있고, 휘황찬란한 강남구 대로변 사거리에도 매입하는 순간 마이너스가 되는 빌딩이 있을 수 있다. 어디에 있는 어떤 빌딩이 왜 숨어있는 보물인지, 어떤 빌딩은 비싸지만 왜 무조건 매입해야 하는지 구체적으로 조언할 수 있는 사람이 바로 전문가다.

이런 전문가들은 언제나 현장에 있다. 사무실에 앉아 지도만 펼쳐놓고 설명하는 사람들이 아니다. 마찬가지로 건물주가 되려면 본인 스스로도 현장 답사를 게을리해서는 안 된다. 빌딩의 모습은 평일과 주말이 다르고 점심과 저녁이 다르다. 전문가의 조언을 참고하고, 현장의 소리에 귀를 기울이며, 본인의 눈으로 판단한다면 실패는 없을 것이다.

현장 답사 : 체크포인트로 치밀한 계획 준비해야

현장 답사의 목적은 크게 4가지로 나눌 수 있다.

첫째, 시간대별로 매물의 상태를 알아보기 위함이다. 주중과 주말, 오전과 오후 등 최소 4번 정도는 무조건 현장에 가야 한다. 시간대별로 어떤 사람들이 빌딩 앞을 지나다니는지, 빌딩 셔터가 내려진 밤에 어떤 일들이 일어나는지, 옆 빌딩의 매장들은 어떤지 등 전체적인 분위기를 파악해야 한다는 뜻이다. 사무실이 많은 지역의 평일 낮 분위기만 보고 매입을 결정했다가는 크게 후회할 수도 있다.

둘째, 주변의 매매 사례를 직접 눈으로 보고 확인하기 위함이다. 그 지역의 빌딩 시세를 확인하는 가장 좋은 방법은 주변의 실제 매매 사례를 알아보는 것이다. 가까운 부동산에 들어가서 슬쩍 묻는 것도 방법이겠으나 주의할 점이 있다. 여러 업체를 다니며 묻다 보면 그것이 오히려 내가 매입하려는 건물의 정보를 다른 사람들에게 제공하는 결과를 낳을 수도 있다. 좋을 매물을 뺏길 수 있다는 가능성도 염두에 두어야 한다.

따라서 믿고 맡길 수 있는 컨설팅 회사 한 곳에 일임하고 중요한 사항만 공유하면서 체크해나가는 것이 좋다.

셋째, 건물 내외부를 꼼꼼하게 확인하기 위함이다. 원룸, 상가 건물 등 빌딩의 종류에 따라 층별, 옥상, 주차장 등 내외부 체크포인트가 다르다. 시간대별로 방문해서 하나하나 노후상태를 메모해두어야 계약 시점에 따져볼 수 있다. 또한 빌딩 밖으로 나와서 도로폭, 경사도 등도 체크해야 한다. 길을 건너 멀찌감치 떨어진 곳에서 전체적인 그림도 조망해보아야 한다.

넷째, 상가용 빌딩이라면 특히 더 꼼꼼하게 체크해야 한다. 체크포인트는 아래의 4단계로 설명하겠다.

현장 답사를 하면서 체크해야 할 구체적인 포인트는 아래와 같다.

(1) 입지분석

∷지하철역 혹은 버스정류장과 가까운가?

물리적인 거리도 중요하지만 접근거리도 중요하다. 역 출구에서 해당 빌딩까지 걸어오는 동안 어떤 매장들이 이어지는지 중요하다는 뜻이다.

데이트나 쇼핑을 할 때 걷는 거리를 시간으로 재는 사람은 거의 없다. 자연스럽게 주변을 구경하면서 걷다가 해당 빌딩에 다다르는 것이다. 따라서 근생시설이 영속적이냐 아니냐가 중요하다. 주변에 볼거리가 많으면 5분 거리도 1분으로 느껴지고 볼거리가 없으면 1분 거리도 5분으로 느껴지는 법이다. 근생상권에서 중요한 것은 실제거리가 아니라 체감하는 접근거리라는 것을 명심해야 한다.

:: 접하고 있는 도로의 너비는 넓은가?

도로 너비가 6~12m인 것이 좋다. 보통 대로변 사거리의 주변 도로나 대로변의 이면 도로가 이 정도 너비다. 4m는 차 한 대가 지나가면 옆으로 사람이 지나가기 불편하기 때문에 차나 사람 모두에게 좁다는 느낌이 들어서 꺼려지는 도로 폭이다. 이 때문에 보통 6m 이상부터 근생상권이 많이 형성된다.

15m부터는 인도와 차도의 구분이 생기면서 불법주정차가 힘들어진다. 15m부터 횡단보도가, 20m부터 횡단보도에 신호등이 만들어진다. 불법주정차가 올바른 행위는 아니지만 상권 형성에는 큰 영향을 준다. 1층 판매점에서 간단한 것을 사기 위해서 잠깐 정차를 하는 경우가 많은데, 이때 민폐를 끼치지 않는 도로가 6~12m 폭의 도로인 것이다.

소비자들은 골목에 있는 빌딩의 매장을 이용할 때 자유롭게 양쪽 도로의 가게들을 오가고 싶어 한다. 자유롭게 골목을 다녀야 상권이 커지는 것이다. 이때 횡단보도와 신호등은 매우 불편하다. 잠시 주정차가 가능하고 사람과 차가 약간은 엉켜있는 듯한 지역이 근생상권의 입지로는 더 좋다는 이야기다. 이런 길에 상권이 생기기 때문에 흔히 골목상권이라고 한다.

:: 접한 도로가 한 면인가? 양면인가? 코너인가?

대지가 접한 도로가 한 면보다는 양면이 좋고, 양면보다는 코너가

▶도로 너비의 예

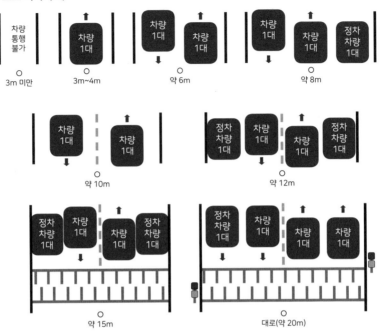

좋다. 주차장 진출입이 용이하므로 1층 면적의 손실이 적어서 빌딩을 신축할 때 1층의 임대 면적도 많이 나오게 건축이 가능하다. 또한 가시성도 확보된다. 당연히 빌딩의 두 쪽 면이 보이기 때문에 빌딩도 커 보이고 임차인도 홍보에 유리하다. 보통 코너빌딩이 한 면의 빌딩보다 10~20% 정도 비싸게 거래된다.

∷ 평지인가 경사면인가?

삐딱한 경사면보다는 평지에 위치한 빌딩이 낫다. 경사면이 있으면 현관 또는 1층으로 진입할 때 높이 차이가 있어서 계단이 2~3개 만들어지는 경우가 있다. 이는 미관상으로도 좋지 않지만 임차인을 입점시킬 때도 좋은 조건이 아니다. 하지만 간혹 경사면에 있는 빌딩이 용적률에서 이득을 볼 때도 있다. 용적률에 속하지 않는 지하 1층이 경사 덕분에 도로면으로 노출되어 1층의 효과를 볼 수 있기 때문이다. 이런 경우 건폐율에서도 이득이다.

:: 방향은 어느 쪽인가?

아파트와 달리 남향보다는 북향 빌딩이 좋다. 남향은 긴 일조시간으로 인해 상품의 변질이 쉽고, 직사광선으로 인해 냉난방비가 더 많이 든다. 굳이 남향을 찾는 임차인도 없다. 매매 사례를 분석해보면 북향 빌딩이 더 비싸게 팔린다. 북향은 일조권 사선제한(斜線制限)의 영향을 덜받기 때문에 건물 외형이 거의 꺾이지 않아 용적률에서도 손해 볼 일이 없다. 사선제한에 대해서는 Part4에서 따로 자세히 설명하겠다.

(2) 상권 분석

:: 주변 상권의 영향은 어떤가?

상권이 생기고 성장하려면 어쩔 수 없이 주변 상권의 영향을 받을 수밖에 없다. 주변 상권은 해당 지역의 상권 형성과 확장에 도움을 주기도 하고 거꾸로 방해하기도 하는 중요한 요소라고 할 수 있다.

먼저 인근에 어느 정도의 상권이 형성되어 있어야 그곳에서 유동 인구를 유인해올 수 있다. 이때 주변 상권과 차별화된 장점이 있어야 한다. 주변의 기존 상권이 노후화되어 있거나 주변 상권에 없는 업종의 점포 또는 새로운 브랜드 등이 있어야 유동 인구의 유인이 가능하다.

반대로 주변 상권과 비교했을 때 특색이 없다면 도리어 손님을 뺏길 수 있다. 상권이 생기다가 말아버리는 경우가 된다. 상권 분석의 구체적인 노하우는 Part3에서 자세히 다룬다.

(3) 시설 분석

∷ 주차 공간은 충분한가? 엘리베이터가 있는가? 개별 냉난방인가?

현장 답사를 하면서 체크해야 할 중요한 포인트이기는 하지만 이런 요소들은 건축주의 개인적인 성향이라서 법적으로 정해진 것은 없다. 오래된 빌딩은 주차장이 자주식이거나 엘리베이터가 없는 경우가 많다. 이런 빌딩들을 매입해서 기계식 주차장으로 변경할 수 있고 엘리베이터를 신설할 수 있다. 주변 환경에 맞는 빌딩으로 리모델링해서 가치를 증가시킬 수 있다.

∷ 건물 관리는 잘 되어 있는가?

방수, 누수, 청소 등을 미리 잘 살펴보아야 한다. 임차인들의 건물 관리 여부도 챙겨볼 필요가 있다. 공동관리 구역의 청소 문제로 애를 먹이는 임차인들이 적지 않은 것이 사실이다. 건축물대장에 없는 불법건축물이 있는지 확인하는 것도 중요하다. 빌딩의 내외부를 보면서 비용이 필요한 개선 사항이 있다면 자금 스케줄에 포함해야 한다.

118

(4) 시세 분석

:: 최근 1~2년 사이에 주변에 매매된 사례가 있는가?

매매 사례가 많은 지역은 그만큼 사람들의 관심이 많은 지역일 것이고, 매매 사례가 드문 지역은 관심이 없는 지역일 것이다. 관심이 없는 지역에 빌딩을 매입했다가 묶여버리는 경우도 많다. 손해만 안 보면 된다고 생각할 수도 있겠으나 이러지도 못하고 저러지도 못하는 애물단지가 되면 그 자체가 손해라고 할 수 있다.

매입을 검토하는 빌딩 주변에 최근 매매 사례가 있으면 그 빌딩도 답사해야 한다. 각각의 빌딩을 비교해 결론을 내기 위해서는 동일한 조건의 현장 답사가 필요하다. 팔린 빌딩이라고 답사하지 않으면 적정한 비교를 할 수 없다. 왜 비싸게 팔렸는지, 왜 싸게 팔렸는지 등의 질문에 대한 답은 항상 현장에 있다.

최근에는 거래 신고를 하면 국토교통부 홈페이지에 매매된 빌딩이 공개된다. 누구나 마음만 먹으면 파악할 수 있으니 최근 1년간 거래건수를 보면서 해당 빌딩의 매매가를 검토해보면 좋을 것이다.

덧붙여서 현장 답사를 할 때 주의할 점은 빌딩의 첫인상과 겉모습만으로 판단하면 안 된다는 것이다. 부동산도 사람과 마찬가지로 첫인상이 있고 겉모습이 있다. 겉모습이란 임차인이 장사는 잘하는지, 연체는 없는지, 대체 임차인으로 어떤 업종이 있을지 등을 파악하는 것을 말한다. 하지만 눈에 보이는 것이 전부가 아니다. 만일 겉모습이 형편없는 빌딩이라면 리노베이션, 증개축 등을 통해서 어떤 모습으로 변신시킬지 예상하고 그에 따른 부가가치 등을 분석해야 한다.

또한 대상 부동산을 꼭 산다는 생각으로 답사와 검토를 진행해야 한다. "이 물건이 아니면 안 된다"는 적극적인 생각으로 검토해야 정확하게 파악할 수 있다. 무리한 매물에 집착하라는 게 아니라 그래야 후회 없는 선택을 할 수 있다는 뜻이다. 그냥 한번 보러 다니는 것은 의미가 없다. 물론 보고 들으면서 공부는 된다. 하지만 목적도 목표도 없이 매물을 보러 다니는 것은 서로에게 민폐다. 시간은 돈이다.

이렇게 꼼꼼하게 체크하고 나만의 부동산 노트를 만들었다고 해도 100% 만족하는 물건은 찾기 힘들 것이다. 항상 욕심이 생기기 때문이다. 결론부터 말하자면 100점짜리 빌딩은 세상에 없다. 적절한 절충이 필요한 순간이다.

만일 목표 빌딩이 원하는 목적에 부합한다면 시세보다 조금 더 주고 매입하는 과감함도 필요하다. 원래 목적을 망각한 채 100점짜리 빌딩만 찾으러 다니는 투자자들을 종종 보게 되는데 그래서는 곤란하다. 그런 빌딩은 이미 5년 전에 팔리고 없다.

"아이고, 그때 저걸 샀더라면 지금 얼마를 벌었을 텐데…."

땅을 치고 후회해도 소용없다. 사고 싶다면 지금 사야 한다. "장고 끝에 악수"라고 고민이 길어지면 그마저도 다른 경쟁자가 매입해 버릴 것이다.

"지금이라도 사려고 하니 가격이 올라서 왠지 손해 보는 느낌이네요. 돈이 좀 아깝기도 하고…."

지나간 과거를 보지 말고 현재에 발을 딛고 미래를 보면서 투자해야 한다. 빌딩은 지금 사서 미래에 팔 것이라는 점을 명심해야 한다. 80점이면 만족이다. 나머지 20점은 소유한 다음 미래에 만들어나가면 된다.

임차인의 눈으로 골라라

80점짜리라도 괜찮다고 설명했지만 투자자들은 여전히 불안하다. 당연하다. 답안지가 있어서 채점을 할 수 있는 것도 아니고, 가격표가 있어서 비교할 수 있는 것도 아니니 고민이 될 수밖에 없다.

"전문가가 추천해주기는 했지만 저 빌딩이 과연 좋은 매물일까?"

"현재 공실이 하나 있는데 아무도 들어오지 않으면 어쩌지?"

"지금 있는 저 임차인마저 갑자기 나간다고 하면 어떻게 하지?"

이런 고민을 하는 것은 당연하다. 수십 억 원을 지불해야 하는 거래이니 걱정할 수밖에 없다.

지역의 랜드마크라거나, 비싼 인테리어 자재를 사용한 예쁜 빌딩도 매입할 때 눈여겨볼 포인트일 수 있다. 하지만 그보다는 상권에 맞게 설계가 되었는지, 혹은 내가 사용하려는 목적과 어울리는 빌딩인지를 생각해야 한다.

여기서 잠깐 우문현답을 해보자. 우리가 부동산을 매입하는 가장 큰 이유는 무엇일까? 당연히 임대 수익 때문이다. 당장의 수익성이 충족되는 것은 물론이고 나중에 매각할 때도 시세 차익을 노릴 수 있기 때문이다. 그렇다면 임대 수익은 어디서 나오는 것일까? 당연히 임차인으로부터 나온다. 다시 말해 우수한 임차인을 입점시키는 것이 임대 수익을 늘리고 건물의 가치를 키우는 방법이다.

항간에는 건물주의 갑질 같은 자극적인 단어로 임대업을 폄하하기도 하는데 임대업이란 명백히 서비스업이며, 최대 고객은 임차인이다. 열심히 장사를 해서 임대 수익을 만들어주는 사람도, 빌딩의 가치를 상승시켜주는 사람도 임차인이다.

만일 좋은 매물을 고르기 어렵다면 임차인의 입장에서 매물을 평가하라는 것이다. 즉, 고객의 입장에서 임대인이 꾸며놓은 매장을 평가한 다음 마음에 드는 것을 골라 문을 열라는 것이다. '내가 임차인이라면 이 빌딩을 사무실 용도로 계약하고 싶을까?' '임대료가 주변에 비해 비싼데도 욕심이 나는 자리일까?' '지하철역에서 먼 이면 도로인데도 들어와서 장사하고 싶을까?' 이런 질문들에 대한 답이 바로 빌딩에 매겨지는 점수라고 할 수 있다.

임차인들은 임대료를 내기 위해 장사를 하는 사람들이 아니다. 성공하기 위해 기꺼이 임대료를 지불하면서 아침부터 저녁까지, 휴일도 없이 장사를 하는 것이다. 그러니 성공한 건물주가 되고 싶다면 아침부터 저녁까지, 휴일도 없이 현장에 나가 임차인의 눈으로 바라보아야 한다.

"이 빌딩이라면 내가 임차인이라도 들어가고 싶겠다. 꼭 장사를 해보고 싶은 빌딩이야"라는 판단이 선다면 해당 매물의 매입을 적극 검토해야 한다. 이는 공실 걱정을 줄이는 가장 훌륭한 방법이기도 하다. 내가 좋다면 남도 좋아하지 않겠는가?

공실 걱정보다는 주변 파악이 우선

컨설턴트를 통해 물건 분석, 예상 수익 산출 등 자세한 설명을 귀가 닳도록 들었더라도 막상 빌딩을 사려면 멈칫할 수밖에 없다. 돈이 많아도 쉽지 않은데 대출까지 받아야 하는 상황이라면 더 겁이 난다. 그 두려움을 만드는 가장 큰 요소가 바로 공실이다.

공실률은 빌딩을 매입할 때 매우 중요한 요소이기는 하지만 그렇다고 너무 미리부터 두려워할 필요도 없다. 아무리 좋은 위치에 있는 건물이라도 공실은 있을 수 있다. 반대로 공실이 없다고 무턱대고 좋은 빌딩이라고 믿어서도 안 된다. 현재 공실이 있건 만실이건 상황은 언제든 변할 수 있다는 점을 알아야 한다.

예를 들어 유명 카페, 프랜차이즈 업체, 병의원 등 우량 임차인으로 가득한 빌딩이라 매입했는데 갑자기 경기가 나빠지면서 하나둘 재계약을 포기할 수도 있다. 잘 나가던 프랜차이즈 업체가 부도가 나거나 불매운동에 휩싸일 수도 있다. 길 건너편에 경쟁업체가 들어서면서 나의 임차인이 갑자기 폐업을 선언할 수도 있다. 임차인의 건강 문제 등 개인 사정으로 임대료를 내지 못하는 경우도 예상할 수 있다. 또한 시대에 따라 선호하는 임차인도 바뀐다. 1980~90년대는 1층에 은행이 있는 빌딩이 최고였다. 안정적인 임차인으로 평가받았고 주변 사람들 누구나 기억하는 빌딩이 되기 때문에 많은 임대인들이 선호하는 업종이었다.

그러다가 IMF사태를 맞이하면서 은행은 최고의 임차인 자리를 편의점에게 넘겨주게 된다. 편의점은 24시간 영업하기 때문에 밤에도 빌딩을 환하게 빛나게 해주었다. 그 후로는 카페가 그 자리를 이어오고 있다.

최근에는 스타벅스를 입점시키기 위해 임대인들이 로비를 할 정도로 스타벅스의 영향력이 매우 커졌다. 이른바 '스세권' 효과다. 스세권이란 스타벅스와 역세권을 합친 신조어로서 역세권처럼 그 영향력이 남다르다고 해서 붙여진 별명이다.

그리고 최근에는 쉑쉑버거, 블루보틀 같은 해외 유명 프랜차이즈가 들어서면 맛보기 위해 줄을 서서 기다리는 사람들을 흔히 볼 수 있다. 이렇게 인기 임차업종은 시대에 따라, 트렌드에 따라 계속 바뀔 수 있음을 명심해야 한다.

어쨌든 대형 프랜차이즈 업체가 입점하고 있으면 철저한 상권 검증을 통과했다고 볼 수 있다. 나름대로 주변 상권을 인정받은 것이기에 임대료 인상도 비교적 수월하다고 할 수 있다.

반대로 이미 입점한 임차인들이 다소 저렴한 임대료를 내고 있거나, 보잘것없어 보이는 업종이라고 해서 함부로 빌딩의 가치를 저평가해서는 안 된다. 부동산은 지금보다 미래가 중요하다. 낡은 빌딩이라고 하더라도 리모델링이나 증개축을 통해 충분히 좋은 매물로 탈바꿈할 수 있기 때문이다.

무엇이든 주인을 잘 만나야 한다. 빌딩은 단순한 콘크리트 덩어리가 아니다. 하나의 생물이다. 곡식이 농부의 발자국 소리를 듣고 자라는 것처럼 빌딩도 주인의 사랑을 통해 가치가 커질 수도 있고, 그 반대가 될 수도 있다. 다시 말해 임차인 구성만 보고 좋은 빌딩이다 아니다를 판단하는 것은 옳지 않다는 것이다. 다 주인 하기 나름이다. 필자는 매입보다 관리가 더 중요하다고 생각한다.

빌딩의 임차인도 중요하지만 주변의 공실 상태나 상권, 임대료 수준을 파악하는 게 더 중요하다. 주변 상권과 조화를 이루고 있지 않거나 상대적으로 임대료가 과하다면 매입을 다시 생각해야 한다. 그런 빌딩에 우량 임차인이 들어갈 이유가 없기 때문이다. 우선 나부터라도 그렇지 않겠는가.

감정평가 3방식 : 원가법, 거래사례비교법, 수익환원법

빌딩을 매입한다고 하면 건물과 토지를 동시에 사는 것이다. 사촌이 50억짜리 빌딩을 하나 샀다고 하면 당연히 땅값이 얼마이고, 건물 가격이 얼마인지, 또 그 가격이 적당한지 궁금할 수밖에 없다. 이 궁금증을 해결해주는 사람들이 감정평가사다.

앞으로 설명할 원가법, 거래사례비교법, 수익환원법 등 3가지 방식과 함께 최유효이용분석 등을 고려하는 감정평가는 미국, 영국 등에서 과세 평가에 사용하는 국제표준이다. 하지만 국내에서는 인근 매물의 실거래 신고 가격을 주로 고려하는 산정 방식을 택하고 있다. 다소 부정확하다고 할 수 있다. 단독주택처럼 거래가 많지 않은 경우 비교할 기준이 애매하기 때문이다. 다음은 감정평가의 3가지 방식이다.

(1) 원가법

원가법이란 건물과 토지의 원가를 기준으로 가격을 알아보는 '원가 방식 계산법'이다. 원가법은 '재조달원가'를 기준으로 '감가수정'해서 가격을 산정한다.

'재조달원가'란 나이를 먹어 노후된 해당 빌딩을 지금 다시 짓는다고 하면 인건비나 자재비 등이 얼마나 들 것인지 따져보는 것이다. 결과적으로 이 가격이 빌딩의 최고가라고 할 수 있다. 더불어 보통 땅은 변함이 없지만 빌딩은 나이를 먹기 때문에 '감가상각'을 따지는 것이다. '재조달원가'에서 물리적·기능적 요인을 고려해 금액을 조정하는 작업을 '감가수정'이라 한다.

예를 들어 사용연수 10년, 매매희망가 50억 원으로 시장에 나온 건평 660m²짜리 매물이 있다고 가정해보자. 10년 전이라면 3.3m²당 건축비가 400만 원 정도여서 건축물의 가격은 8억 원이다. 10년 지난 지금 이 빌딩을 새롭게 짓는다면 3.3m²당 건축비가 600만 원 정도 들 것이다. 10년 동안 자재비, 인건비 상승과 건축법, 소방법 등 사회적 법규가 강화되면서 건축비가 오른 것이다.

이 경우 빌딩의 재조달원가는 12억 원이다. 매년 3% 정도씩 감가상각을 한다면 10년이 지난 지금의 잔존 가치가 400만 원 정도일 것이다. 즉, 현재 시공한다면 공사비 12억 원이 필요한 빌딩의 경우 10년이 지났기 때문에 8억 원의 잔존 가치가 있는 것이다.

결과적으로 50억 원 중에서 건물값이 8억 원, 땅값이 42억 원이라는 계산이 나온다. 이를 근거로 m²당 가격을 산정하는 것이 원가법이다.

(2) 거래사례비교법

거래사례비교법은 거래된 사례가 있는 빌딩과 해당 빌딩의 동일하거나 유사한 여러 요소들을 상호 비교해 가격을 산정하는 '비교방식'이다.

사정보정, 시점수정, 가치형성요인 등을 비교해 정하는데 '사정보정'이란 비정상적인 거래(경매, 공매, 채무 및 지인 간의 거래, 매도자 및 매수자의 급박한 거래 등)를 계산에 넣지 않는 것이고, '시점수정'이란 작년이나 재작년 등 비교 물건의 매매 시점에 차이가 있다면 시점이 동일하도록 가격을 수정하는 것을 말한다. '가치형성요인'이란 가격을 발생시키는 주요한 요인(도로 너비 및 상태, 경사, 행정상 규제, 빌딩의 구조 및 마감, 주차 시설 등)들을 적용하는 것이다. 일반인도 쉽게 이해할 수 있고 설득력도 높아서 가장 많이 거론되는 방식이다. 또한 현재의 경제 상황과 시장 상황을 반영했기 때문에 가격산정 방법 중에서도 가장 중요한 역할을 하기도 한다.

요즘은 정보가 오픈된 시대이므로 위와 같은 정보를 가지고 스스로 빌딩의 적정가를 매겨보는 것도 필요하다. 매도인과 감정평가사가 정한 가격을 그대로 다 주고 싶지 않다면, 즉 깎고 싶다면 그 논거를 만들 수 있어야 한다는 뜻이다.

(3) 수익환원법

빌딩에서 발생되는 수익을 토대로 가격을 책정하는 방법이다. 복잡한 계산법이 있지만 간단하게는 임대 수익을 '요구수익률'로 나눠서 가격을 산정한다.

예를 들어 보증금 5억 원에 월 임대료 2천만 원이 나오는 빌딩이 있다고 한다면 이 건물의 적정 가치는 다음과 같이 계산한다. 연간 임대료 2억4,000만 원과 연간 보증금 운영이익 1천만 원(연간 2%로 가정)을 합한 2억5,000만 원을 자본환원이율(투자자의 요구수익률) 4.5%로 나누면 55억 500만 원이다. 자본환원이율이 4% 수준이라면 62억5,000만 원이다.

다른 재테크 상품의 수익률에 따라 자본환원이율(투자자의 요구수익률)이 변동될 수도 있다. 현재 부동산 시장에서는 투자자들이 요구하는 수익률이 강남권(홍대, 명동 포함) 4%, 비강남권 5%, 수도권 6% 이상이면 우수하다고 할 수 있다.

빌딩의 가격은 임대수익을 바탕으로 정하되 원가법과 거래사례비교법을 통해 얻어진 가격과 보완해 최종적으로 정하는 것이 일반적이다.

수익 창출을 위한 유형자산, 무형자산, 레버리지 효과의 이해

(1) 수익 창출 개념

투자는 언제나 위험이 따르기 때문에 한도 끝도 없이 할 수는 없다. 따라서 투자자들이 요구하고 바라는 최소한의 수익률이 있는데 이를 요구수익률 혹은 기대수익률이라 한다. 개별 투자대상 부동산으로부터 실제 얻은 수익률은 실현수익률 혹은 유효수익률이라 한다.

간단하게 말하면 1억 원을 벌기 위해서 매입했는데 나중에 결산해보니 2억 원을 벌었다면 요구수익률보다 실현수익률이 높아 성공한 투자

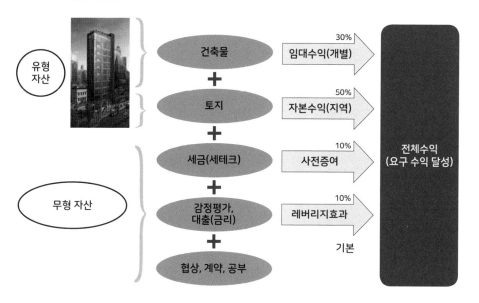

가 되는 것이다.

빌딩을 통해 요구 수익을 달성하는 방식을 각 분야별로 정리해보자. 먼저 빌딩을 통한 수익 창출 방법을 유형자산과 무형자산으로 나눌 수 있다. 유형자산을 통한 수익 창출은 건축물을 통해서 발생하는 임대 수익이 있다. 임대 수익을 극대화하기 위해서는 간단하게는 임대료를 인상하는 방법이 있고, 여기서 조금 더 나아간 것이 용도변경, 리모델링, 신축 같은 빌딩의 개별적인 요인을 개선해 임대료를 올리는 방법이다. 빌딩을 매입한 투자자가 본인의 수익을 본인이 만들어가는 것이다. 빌딩 투자의 기본이고 묘미라고 생각한다.

그 다음으로는 토지라는 자본을 양도하면서 발생되는 자본 수익이 있다. 대부분의 투자자들이 바라는 것으로 투자 수익, 양도 차익, 시세 차익이라는 이름으로 불린다. 여러 이유로 주변 환경이 빠르게 개선되면서 땅값이 올라 자연스레 이익을 보는 것으로 지역적인 요인이 개선되어 수익이 창출된 것이다. 관점에 따라 투기라고 표현할 수도 있다.

반면 무형자산을 통한 수익 창출은 세금으로 나가는 지출을 줄여 수익을 보전하는 것이 있을 수 있다. 자녀들과 공유지분으로 매입하는 것이 여기에 해당한다. 증여세를 납부하더라도 빌딩의 가격이 높지 않을 때 증여하는 것이 나중에 가격이 오르고 난 다음에 증여하는 것보다 증여세가 적게 든다. 최근 사전증여에 대한 사회적 인식이 바뀌면서 흔히 볼 수 있는 현상이다.

빌딩을 포함한 모든 부동산은 취득세, 보유세, 양도세 등 세금이 차지하는 비중이 매우 크다. 이런 세금을 조금만 줄인다면 투자자 입장에서는 많은 수익을 보전할 수 있다.

또 다른 무형자산을 통한 수익 창출의 사례로는 대출을 이용한 레버리지 효과(leverage effect)가 있다. 흔히 지렛대 효과라고도 하는 이 방법은 낮은 금리의 은행 차입금을 이용해 고수익이 나오는 빌딩을 매입함으로써 적은 돈으로 빌딩을 소유함과 동시에 투입 금액 대비 수익을 높이는 방법이다. 저금리가 장기적으로 이어지고 있는 현 시점에 꼭 필요한 수익 창출 방법이라고 할 수 있다.

이 외에 수익을 조금 더 올리는 방법은 몇 가지가 더 있다. 계약서를 잘 작성해도 이익을 볼 수 있다. 계약서에 계약 당사자의 의무사항을 어떻게 기입하느냐에 따라 책임 부담이 달라진다. 그 책임을 이행하기 위해서 돈이 필요한 경우가 많다. 계약서 작성은 수익 창출이라기보다는 거래를 원만하게 마무리하기 위한 기본적인 과정이라고 생각한다.

이상을 필자의 경험을 토대로 정리해보면 다음과 같다. 매입에서부터 보유 기간을 거쳐 양도까지 진행되는 전 과정에서 발생하는 수익을 100%라고 가정한다면 건축물을 통한 임대 수익이 30%, 양도하면서 지가 상승으로 발생되는 양도 차익, 즉 자본 수익이 50%, 사전증여 등 절세를 통한 수익 보전이 10%, 레버리지 효과를 통한 수익 보전이 10% 정도의 비율이라고 볼 수 있다. 나머지 협상 과정, 계약서 작성, 공부 확인 등은 수익 창출보다는 안전한 거래를 위한 기본적인 요소일 것이다.

(2) 레버리지 효과

임대 수익률은 투자를 결정하는 매우 중요한 기준이다. 하지만 계산법도 잘 모르는 경우가 많다. 건물주가 되고자 한다면 적어도 132쪽 표에 있는 케이스 정도는 계산할 수 있어야 한다.

이 표는 대출금에 따라 달라지는 수익률을 보여준다. 대출 금리 3.05%일 때 수익이 발생했으므로 정(+)의 레버리지 효과가 나타나는 것을 알 수 있다. 필자가 매수자라면 본인 자금 30%로 매입할 것이다. 혹시 금리 인상에 대한 불안이 있다면 고정금리로 대출을 받으면 된다. 그것으로도 불안이 해소되지 않으면 대출을 받아 잔금을 치른 후 남은 자금은 안정적인 예금이나 원금보장 금융상품에 넣어두었다가 급할 때 꺼내면 된다. 예금 금리 1~2% 정도의 추가 수익을 얻을 수 있다. 여기서 대출을 더 받았는데 대출금리가 더 낮아진다면 투자자의 수익은 더 좋아진다.

1. 투입 금액 내역

내용	금액				비고	
	본인자금 100%	본인자금 70%	본인자금 50%	본인자금 30%		
① 매매금액	5,700,000,000	5,700,000,000	5,700,000,000	5,700,000,000		
② 취득세	262,200,000	262,200,000	262,200,000	262,200,000	취득세	4.6%
③ 등기비용	11,400,000	11,400,000	11,400,000	11,400,000	채권할인, 법무사 수수료 포함(채권할인율에 따라 변동될 수 있음)	0.2%
④ 중개수수료	51,300,000	51,300,000	51,300,000	51,300,000	부가세별도 (협의가능)	0.9%
⑤ 보증금	420,000,000	420,000,000	420,000,000	420,000,000		
⑥ 대출금액	—	1,700,000,000	2,800,000,000	4,000,000,000		
⑦ 투입금액	5,604,900,000	1,904,900,000	2,804,900,000	1,604,900,000	①+②+③+④+⑤+⑥	

2. 임대료 및 지출 내용

⑧임대료+관리비(월)	26,000,000	26,000,000	26,000,000	26,000,000		
⑨관리비 지출	1,500,000	1,500,000	1,500,000	1,500,000		
⑩월 이자	—	4,320,833	7,116,667	10,166667	연이율	3.05%
⑪월 수익금	24,500,000	20,179,167	17,383,333	14,333,333	⑧+⑨+⑩	

3. 정리(연수익율)

⑫인수금액	5,604,900,000	3,904,900,000	2,304,900,000	1,604,90,000	
⑬순월수입	24,500,000	20,179,167	17,383,333	14,333,333	⑫*12 / ⑬*100
⑭년수익률	5.29%	6.20%	7.44%	10.72%	

투자판단 3요소 : 환금성, 수익성, 안전성

투자를 결정할 때 판단해야 할 조건 중에는 다음과 같은 3원칙이 있다.

첫째, 환금성(換金性)을 들 수 있다. 환금성이란 자산을 팔아서 현금

화하는 것인데 이에 소요되는 시간으로 그 가치를 평가할 수 있다. 예를 들어, 예금이나 증권 등은 거의 완전한 환금성이 있는 자산이라고 할 수 있지만 부동산은 매도를 결정한 순간부터 수중에 돈이 들어오기까지 꽤 많은 노력과 시간이 필요해 환금성이 낮은 상품이라고 할 수 있다. 그래서 더더욱 환금성이 중요하다. 단, 조건은 비정상적인 가격이 아니라 통상 허용되는 오차 범위 내에서 형성된 매매가격의 거래일 때를 상정한 것이다. 여기서 많이 거론되는 것이 시세다.

둘째, 수익성(收益性)이다. 수익성은 자산으로 이익을 만드는 것으로서 투입한 자본에 대한 수익의 비율을 의미한다. 대출을 받아서 빌딩을 매입할 때 순수하게 본인이 투입한 금액과 빌딩에서 받은 임대료에서 이자, 인건비, 관리성 지출 등을 빼고 남은 금액의 비율이다. "얼마 투자해서 얼마 벌었다"는 식으로 표현하기 때문에 저금리 시대에 아주 자극적인 단어가 아닌가 싶다.

해당 매매에 따른 세금을 납부하기 전이라면 세전 수익률, 세금을 납부한 후라면 세후 수익률이라고 표현하는데 적용되는 세금의 종류가 소득세냐 양도세냐에 따라 다르고 소유주가 개인이냐 법인이냐에 따라 다르고 단독소유냐 공동소유냐에 따라 다르다.

또한 빌딩은 매월 임대료가 발생하기 때문에 임대료를 토대로 계산된 임대수익률이 있고 양도할 때 발생하는 양도차익을 토대로 계산된 투자수익률이 있다. 임대 수익은 은행예금과 같은 개념이고 투자 수익은 주식을 샀다가 팔면서 발생되는 양도 차익과 같은 개념이다. 안정적인 투자자는 임대 수익을 많이 고려하고, 공격적인 투자자들은 투자 수익을 많이 고려하는 편이다.

셋째, 안전성(安全性)이다. 자산의 가치보전 능력을 나타내는 것으로서 흔히 원금 보장이라고 표현한다. 요즘처럼 변동성이 큰 시장에서는 중요한 포인트라고 할 수 있다. 이는 상대적으로 보수적인 투자자들이 투자 결정을 할 때 많이 고려하는 부분이다.

빌딩의 조건에 따라 경중의 차이는 조금씩 있을 수 있지만 위의 3요소는 모두 중요하다. 그래도 최우선 조건을 하나만 고르라면 필자는 환금성을 꼽는다. 수익성이 좋은 빌딩보다 훗날 매도할 때 잘 팔리는 빌딩이 더 중요하다.

앞서 설명한 것처럼 부동산 투자란 현재 시점에서 미래의 가치에 투자하는 것이다. 미래에 팔고 싶을 때 아무도 사주지 않으면 제아무리 좋은 빌딩이라도 재산이 아니라 짐이 된다. 팔고 싶은 마음이 커질수록 가격은 내려가게 마련이라서 수익성(양도 차익)과 안전성(원금 보장)에서 문제가 된다. 빌딩은 평생 가지고 있을 수 없다. 언젠가는 팔아야 한다. 내가 안 팔더라도 죽고 나면 자식들이 판다. 그렇기 때문에 환금성이 제일 중요하다. 환금성이 높다는 말은 당연히 안전성도 보장된다는 뜻이다.

유념해야 할 법적규제 :
건폐율, 용적률, 용도지역, 용도지구, 지구단위계획 등

최근 완공된 빌딩 중에는 형태가 이상한 것들이 꽤 많다. 위로 올라가다가 꺾인다거나 탑층이 대각선으로 잘린 빌딩도 있다. 건축가의 미적 감각인 경우도 있겠지만 법적 규제에 막혀서 어쩔 수 없이 지은 빌딩들이 대부분이다.

빌딩을 지을 때는 용도지역, 용도지구, 용도구역, 지구단위계획구역, 일조권 사선제한 등 많은 법규가 적용된다. 이 중 빌딩 건설을 검토할 때 적용 받는 규제를 중심으로 살펴보자.

'용도지역'이란 토지의 이용 및 건축물의 용도, 건폐율, 용적률, 높이 등을 제한함으로써 토지를 경제적이고 효율적으로 이용하고 공공복리를 증진하기 위해 전국의 모든 땅에 지정해 놓은 건축 기준을 말한다.

전국의 모든 땅을 도시지역과 비도시지역으로 나누고 도시지역은 다시 주거지역, 상업지역, 공업지역, 녹지지역으로 구분한다. 이렇게 지정된 지역은 자연스레 신축을 할 때 지정한 용도에 맞게 주택이 생기기도 하고 빌딩이 들어서기도 하고 논밭이 만들어지기도 한다.

이 용도지역에서 핵심이 건폐율과 용적률이다. 내 땅에 더 넓은 평수의 빌딩을 짓고 싶어도 못하게 막는 수평적 규제 조항이 건폐율이고, 내 빌딩을 더 높이 올리고 싶어도 못하게 막는 수직적 규제 조항이 용적률이다. 이 두 조항은 빌딩의 가치를 결정하므로 예비 건물주라면 필히 알아야 한다.

먼저 건폐율(建蔽率). 건폐(建蔽)는 '건물을 덮는다'는 뜻이다. 즉 대지면적을 덮고 있는 건축면적의 비율이다. 빌딩의 여러 층 중에서 가장 넓은 층의 바닥면적을 건축면적이라고 한다. 이 건축면적이 전체 땅에서 차지하는 비율, 즉 대지면적에 대한 건축면적의 비율이 건폐율이다.

135

▶ 건폐율과 용적율

용도지역	용도지역 세분			국토의 계획 및 이용에 관한 법률				서울시 도시계획 조례	
				건폐율(%)		용적율(%)		건폐율(%)	용적율(%)
				법	시행령	법	시행령		
도시지역	주거지역	전용주거지역	제1종 전용주거	70% 이하	50%	50% 이하	50~100%	50%	100%
			제2종 전용주거		50%		100~150%	40%	120%
		일반주거지역	제1종 일반주거		50%		100~150%	60%	150%
			제2종 일반주거		50%		150~250%	60%	200%
			제3종 일반주거		50%		200~300%	50%	250%
		준주거지역			70%		200~500%	60%	400%
	상업지역	중심상업지역		50% 이하	50% 이하	150% 이하	400~1500%	60%	1000%(4대 문안 800%)
		일반상업지역			80% 이하		300~1300%	60%	1000%(4대 문안 800%)
		근린상업지역			70% 이하		400~900%	60%	
		중심상업지역			80% 이하		200~1100%	60%	
	공업지역	전용공업지역		70% 이하	70%	400% 이하	150~300%	60%	200%
		일반공업지역			70%		200~350%	60%	200%
		준공업지역			70%		200~400%	60%	200%
	녹지지역	보전녹지지역		20% 이하	20%	100% 이하	50~80%	20%	50%
		생산녹지지역			20%		50~100%	20%	50%
		자연녹지지역			20%		50~100%	20%	50%
관리지역	보전관리지역			20% 이하	20% 이하		50~80%		
	생산관리지역			20% 이하	20%		50~80%		
	계획관리지역			40% 이하	40%		50~100%		
농림지역				20% 이하	20%	80% 이하	50~80%		
지연환경보전지역				20% 이하	20%	80% 이하	50~80%		
기타지역	취락지구			80% 이하	60%	20% 이하	200%		
	개발진흥지구				40%		100%		
	수산자원보호구역				40%		80%		
	자연공원				60%		100%		
	농공단지				70%		150%		
	국가 및 지방 산업단지				80%		120%		

예를 들어 건폐율이 60%인 경우 100m² 대지 위에 건축면적 60m² 이내의 빌딩을 지을 수 있다는 뜻이다. 나머지 40%는 조경면적, 주차장, 건물 이격거리 등으로 비워두어야 한다. 이 비율을 법으로 정하는 이유는 건축물 주위에 최소한의 공간을 두어 건축물의 과밀을 방지하고 일조, 채광, 통풍 등에 필요한 공간을 확보하기 위해서다. 따라서 건폐율이 높을수록 여유 있게 건축하기 어렵다.

용적률(容積率)의 용적(容積)이란 '얼굴에 쌓는다'는 뜻이다. 즉 대지면적에 대한 건물 연면적의 비율이다. 더 쉽게 설명하면 전체 땅에 건물을 얼마만큼 위로 쌓아 올릴 수 있는가 하는 비율이다.

용적률을 얘기할 때 혼선을 불러오는 것이 바로 연면적이다. 연면적은 건축물 각 층의 바닥면적을 더한 값이다. 건물 전체의 면적이라고 해서 일반적으로 건평이라고도 한다. 연면적에는 지하층까지 포함되지만 용적률을 얘기할 때는 지하층 면적을 제외하고 지상의 면적만 계산에 넣는다.

예를 들어 100m²의 땅을 가지고 있는데 이 지역의 용적률이 100%라고 하면 바닥면적 50m²짜리 건물을 2층까지 건축할 수가 있는 것이고, 바닥면적 25m²짜리 건물을 4층으로 건축할 수 있는 것이다. 지하는 용적률 100%와 상관없이 건축주 마음대로 지하1층이든 지하2층이든 건축이 가능하다.

용적률을 규제하는 이유는 미관, 조망, 일조, 개방감 등을 좋게 해서 사람이 살기에 쾌적한 환경을 조성하기 위한 것이다. 이런 용도지역 법규정이 2004년에 개정되면서 현재의 기준으로 세분화되고 강화되었다.

같은 용도지역에 있는 건물들이라도 건폐율과 용적률이 다른 이유가 여기에 있다.

예를 들어 서래마을 메인 거리에 위치한 1991년도에 준공된 건물이 있다. 대지면적이 209평, 용도지역이 제1종일반주거지역인데 지상층 연면적은 600평으로 용적률이 무려 287%나 되는 빌딩이다. 지상층만 해서 연면적 600평을 제1종일반주거지역에서 신축을 하려면 대지면적이 약 400평이 필요하다.

이는 용적률이 300%까지였던 일반주거지역이 2004년에 법이 개정되면서 제1종(150%), 제2종(200%), 제3종(250%) 일반주거지역으로 세분화되면서 용적률이 낮아졌기 때문이다. 그래서 리모델링을 목적으로 매입하는 경우에는 기존 용적률의 이점을 가지고 있는 빌딩을 더 선호하고 건폐율이나 용적률에 이득을 보지 못한 빌딩보다 더 비싸게 거래된다. 이렇게 용도지역은 빌딩의 가치에 크게 영향을 미치는 규정이다.

용도지구는 용도지역의 제한을 강화하거나 완화해 적용함으로써 용도지역의 기능을 증진시키고 미관, 경관 등을 제한해 용도지역으로 규제하지 못하는 것을 규제하는 역할을 한다.

이외에도 특정 지역을 지구단위계획구역으로 지정해 체계적으로 관리하기도 한다. 지구단위계획구역으로 지정된 지역은 용도지역, 용도지구 등 일반적인 법적 규제보다 우선적으로 지구단위계획상의 규제가 적용되기 때문에 꼭 확인해야 한다.

▶토지이용계획원

소재지	░░░░░░░░░░░░░░░░░░░		
지목	대	면적	135.6 m²
개별공시지가 (m²당)	10,580,000원 (2019/01)		
지역지구등 지정여부	「국토의 계획 및 이용에 관한 법률」에 따른 지역·지구등	도시지역 , 제3종일반주거지역	
	다른 법령 등에 따른 지역·지구등	대공방어협조구역(위탁고도:77-257m)<군사기지 및 군사시설 보호법> , 과밀억제권역<수도권정비계획법>	
「토지이용규제 기본법 시행령」 제9조제4항 각 호에 해당되는 사항		<추가기재> 가로구역별 건축물 최고높이 지정 구역임	

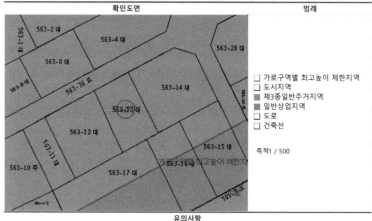

확인도면	범례
	☐ 가로구역별 최고높이 제한지역 ☐ 도시지역 ■ 제3종일반주거지역 ■ 일반상업지역 ☐ 도로 ☐ 건축선 축척1 / 500

유의사항

1. 토지이용계획확인서는「토지이용규제 기본법」제5조 각 호에 따른 지역·지구등의 지정 내용과 그 지역·지구등에서의 행위제한 내용, 그리고 같은 법 시행령 제9조제4항에서 정하는 사항을 확인해 드리는 것으로서 지역·지구·구역 등의 명칭을 쓰는 모든 것을 확인해 드리는 것은 아닙니다.

2. 「토지이용규제 기본법」제8조제2항 단서에 따라 지형도면을 작성·고시하지 않는 경우로서「철도안전법」제45조에 따른 철도보호지구,「학교보건법」제5조에 따른 학교환경위생 정화구역 등과 같이 별도의 지정 절차 없이 법령 또는 자치법규에 따라 지역·지구등의 범위가 직접 지정되는 경우에는 그 지역·지구등의 지정 여부를 확인해 드리지 못할 수 있습니다.

3. 「토지이용규제 기본법」제8조제3항 단서에 따라 지역·지구등의 지정 시 지형도면등의 고시가 곤란한 경우로서 「토지이용규제 기본법 시행령」제7조제4항 각 호에 해당되는 경우에는 그 지형도면등의 고시 전에 해당 지역·지구등의 지정 여부를 확인해 드리지 못합니다.

4. "확인도면"은 해당 필지에 지정된 지역·지구등의 지정 여부를 확인하기 위한 참고 도면으로서 법적 효력이 없고, 측량이나 그 밖의 목적으로 사용할 수 없습니다.

5. 지역·지구등에서의 행위제한 내용은 신청인의 편의를 도모하기 위하여 관계 법령 및 자치법규에 규정된 내용을 그대로 제공해 드리는 것으로서 신청인이 신청한 경우에만 제공되며, 신청 토지에 대하여 제공된 행위제한 내용 외의 모든 개발행위가 법적으로 보장되는 것은 아닙니다.

지역·지구 등 안에서의 행위제한 내용

※지역·지구등에서의 행위제한 내용은 신청인이 확인을 신청한 경우에만 기재되며,「국토의 계획 및 이용에 관한 법률」에 따른 지구단위계획구역에 해당하는 경우에는 담당 과를 방문하여 토지이용과 관련한 계획을 별도로 확인하셔야 합니다.

제3종일반주거지역

건축법 제61조

제61조(일조 등의 확보를 위한 건축물의 높이 제한)

　① 전용주거지역과 일반주거지역 안에서 건축하는 건축물의 높이는 일조(日照) 등의 확보를 위하여 정북방향 (正北方向)의 인접 대지경계선으로부터의 거리에 따라 대통령령으로 정하는 높이 이하로 하여야 한다.

　② 다음 각 호의 어느 하나에 해당하는 공동주택(일반상업지역과 중심상업지역에 건축하는 것은 제외한다)은 채광(採光) 등의 확보를 위하여 대통령령으로 정하는 높이 이하로 하여야 한다. <개정 2013.5.10.>

제4단계 : 빌딩 매입 체크리스트

[3초 Summary]
1. 우선순위 체크리스트 만들기
   : 현장 답사(체크포인트 확인) → 체크리스트 우선순위 정하기
   (점수 매기기) → 최종 확정

2. 상가용 빌딩 체크리스트
   : 공실 상태, 임대료 미납 여부, 주변 임대료 수준, 주변 상권과의
   조화 여부 등 확인 → 최종 확정

3. 개선 사항 체크하기
   : 신축, 리모델링, 용도변경 등의 개선으로 빌딩의 가치를 올릴
   수 있는지 확인 → 최종 확정

답사에서 얻은 정보로 체크리스트 작성

앞의 1~3단계 과정을 거치면서 몇 건의 빌딩이 눈에 들어왔을 것 같다. 그중 최고의 빌딩을 선택하는 과정이 이번 4단계다.

사실 많은 매수자들이 어떤 빌딩에 투자해야 하는지 고민을 하다가 이 단계에 머무르고 있는 실정이다. 4단계는 그 고민의 해결책 중 하나로서 체크리스트 작성법이다.

자신의 매입 목적을 충족시켜주는 항목들을 나열한 다음 그 항목들을 중심으로 체크리스트를 만들어보라는 것이다. 그 다음 각각의 빌딩에 점수를 매기면서 최종적으로 계약할 빌딩을 선택하는 것이 좋다.

체크리스트는 답사의 결과물이다. 직접 현장에 가서 눈으로 보았기

때문에 체크할 리스트가 생기고 그 우선순위가 정해지는 것이다. 그 다음 단계는 현장에서 얻은 귀한 정보를 실질적인 계획에 반영하는 것이다. 현장 답사의 근본적인 목적이 좋은 빌딩을 최대한 저렴하게, 나아가 실수 없이 매입하는 것이기 때문에 답사 후 점수를 매기면서 계획을 세우는 것은 무엇보다 중요한 과정이다.

이 리스트는 나만의 부동산 노트라고 할 수 있을 것이다. 먼저 위의 제3단계에서 정리한 입지 분석, 상권 분석, 시설 및 시세 분석의 물음표에 대한 답을 적어야 한다. 용도가 적합한지, 가격은 무리가 없는지, 위치와 상권은 어때 보이는지, 예상 수익률은 어느 정도인지, 개발 호재 등 미래 가치가 있는지 없는지 등을 하나하나 적어보는 것이다. 그 다음 중요하다고 생각하는 항목에 가산점을 준다. 어려운 수학 공식이 아니니 겁먹을 필요는 없다.

예를 들어 급매물을 찾는다면 가격을, 환금성을 본다면 위치를, 높은 임대 수익을 원하면 수익률을, 지가 상승이 목적이면 미래 가치를, 사용이 목적이라면 용도의 적합성에 높은 가산점을 주는 것이다. 각각의 조건들은 상호 연관성이 매우 강하지만 그중에서도 자신이 중요시하는 조건부터 우선 검토해야 한다.

(1) 빌딩 매입 체크리스트 만드는 순서

첫째, 빌딩 매매 시 검토항목 확인하기 : 빌딩의 방향, 경사, 코너, 용적률, 접근성(지하철역과의 거리, 유동 인구 등), 임대 현황, 관리 상태 등 빌딩을 매매할 때 검토해야 할 항목을 나열하는 것이다.

둘째, 우선순위 정하기 : 내가 원하는 조건을 많이 충족시켜주는 항목부터 앞 순위로 리스트를 재배치한다.

셋째, 체크리스트 점수 매기기 : 우선순위의 항목이 모두 정해졌다면 내가 원하는 항목에는 추가점을 주고, 수정이나 보완이 가능한 항목에는 그에 맞는 점수를 설정한다. 이때 수정이나 보완을 위해 투입되는 자금 규모를 고려하는 것이 중요하다. 투자의 기본은 투입자금 대비 효과임을 항상 명심해야 한다.

이렇게 점수를 매기는 것이 처음에는 생소할 것이다. 하지만 자신만의 체크리스트를 만드는 데 익숙해져야 한다. 이 작업이 없다면 "그냥 좋은 것 같아서 샀어." "사놓으면 오르겠지"라는 식의 묻지만 투자가 되어버린다. 자신에게 딱 맞는 좋은 빌딩을 사고 싶다면 빌딩마다 체크리스트 점수를 내보도록 하자.

넷째, 최종 확정 : 빌딩 매입 체크리스트를 완성하면 이를 바탕으로 최종 계약할 빌딩을 확정한다. 또 계약 전까지 확인해야 할 사항들을 이 체크리스트를 통해 세밀하게 점검한다.

(2) 상가용 빌딩 체크리스트 TIP

앞서 언급한 것처럼 상가용 빌딩은 특히 더 꼼꼼하게 체크해야 한다. 빌딩 내 상가의 종류만 보고 좋은 빌딩이라고 판단하는 것은 금물이다. 예를 들어 프랜차이즈 매장이나 병의원 등 소위 말하는 우량 임차인 구성만 보고 판단해서는 안 된다.

물론 임차인 구성도 중요한 판단 요소가 될 수 있지만 이보다는 공실 상태, 임대료 미납 여부, 주변 임대료의 수준, 주변 상권과의 조화 등을 잘 파악해야 향후 공실 가능성까지 모두 확인할 수 있다. 지하철역과의 거리, 위치와 접근성, 임차인들의 관리 상태 등도 꼭 체크해야 할 리스트다.

맞춤형 전략과 전술을 짜는 것도 중요하다. 좋은 물건을 찾는 것도 중요하지만 협상 테이블에 앉아 좋은 조건으로 도장을 찍는 것 역시 못지 않게 중요하다. 사실 계약 과정에서는 생각하지도 못한 다양한 변수들이 발생한다. 이에 잘 대처하기 위해서는 매도자의 상황을 정확히 파악할 필요가 있다. 매도자가 매물을 내놓은 이유를 분석해야 하는 것이다.

좋은 이유든 나쁜 이유든 사연 없는 매도는 없다. 대부분 그 이유를 "월세도 잘 나오는 복덩이 빌딩이지만 목돈이 좀 필요해서 어쩔 수 없이…." 혹은 "돈을 조금 더 보태서 다른 빌딩으로 갈아타려고…." 등으로 대답하지만 진짜 속내는 다를 수 있다.

빚에 쪼들려서 급매로 처분하는 것이거나, 골치 아픈 임차인이 있다거나, 빌딩의 안전성에 문제가 있다거나 숨겨진 이유가 있을 수 있다. 이러한 상대의 내부적인 사항까지도 알아두면 본인에게 유리한 협상 전략을 짤 수 있다. 지피지기면 백전팔십승이라고 할까?

(3) 개선 사항 체크하기

내용만 놓고 보면 건물이 오래되어 낡고, 수익률도 변변치 않아 매력을 느끼지 못하는 빌딩도 많다. 상권이 생기고 소멸하면서 예전에 없었던 시설이 생기고, 주변 환경이 빠르게 변하면서 그에 맞지 않는 빌딩들이 나타나는 경우도 많다. 그렇다고 무조건 등을 돌릴 것이 아니라 빌딩을 살아있는 생명으로 보고 현실에 맞게 진화시키는 것도 건물주의 역할이다. 개선할 점은 찾아서 그야말로 '물건'으로 만들라는 뜻이다.

첫째, 주거지역에 신규 상권이 생기면서 주택을 근생시설로 용도를 변경한다면 높은 수익을 낼 수 있는 케이스가 있다. 이런 경우 명도 비용, 명도 기간 동안의 손실, 용도 변경에 필요한 비용 등의 지출금액을 합산한 투입 금액과 용도 변경 후 새로운 임차인이 납부할 예상 임대료를 토대로 매입을 검토해야 한다.

둘째, 기존의 건축물이 너무 낡거나 임대를 줄 수 있는 상황이 아니라서 새롭게 신축해야 할 경우에는 건축설계사의 자문을 구하면서 각종 법규에 맞게 신축 개요를 세워야 한다. 이 역시 명도비, 명도 기간 동안의 손실, 신축할 때 필요한 비용 등의 지출 금액과 완공 후 예상 수익을 비교해서 투자를 판단해야 한다. 새로운 임차인은 상호 보완적인 업종으로 주변 환경에 맞게 예상해야 한다.

셋째, 기존 빌딩의 용적률이 높고, 신축을 하면 손해가 예상되거나 리모델링만으로도 충분한 임대 수익을 기대할 수 있다면, 신축보다는 비용이 적게 드는 리모델링을 고려하는 것이 맞다. 물론 리모델링을 할 때 필요한 비용과 예상 임대 수익을 따져보는 것은 당연한 일이다.

등기부등본 등 빌딩의 족보 세심히 따져볼 것

상업용 부동산의 경우 권리관계와 건축물 전체를 정확히 체크해야 한다. 하지만 챙겨보아야 할 요소가 너무 많아서 경험이 적은 고객들은 몇 가지 빼먹기도 한다. 때문에 계약 이후에 생겨난 문제의 책임 여부를 두고 분쟁이 생기는 경우가 왕왕 있다.

초보 투자자라면 계약을 하기 전에 적어도 아래와 같은 내용들은 꼭 숙지해야 한다. 정확히 보는 법을 모르겠다면 안전한 부동산 투자를 위해 전문 컨설턴트의 조력을 받아야 한다. 수십억 원 투자를 앞두고 있다면 수많은 안전장치를 준비하는 것은 필수다.

(1) 등기부등본

부동산 등기제도란 부동산 거래를 하는 국민이 예측하지 못한 손해를 입지 않도록 하기 위해 공적인 장부에 물건의 권리관계 및 현황 등을 기재토록 하는 제도이다. 그 공적 장부가 바로 등기부등본이다.

가장 중요한 법적 서류인 등기부등본은 표제부, 갑구, 을구 등의 항목으로 구분된다. 표제부에는 해당 부동산의 소재지, 용도, 면적, 구조 등이 기재되어 있다. 조금 더 자세하게 설명하면 땅은 소재지와 지번, 지목, 면적 등이 기재되고 빌딩은 소재지, 지번, 건평, 층수, 구조, 용도 등이 기재된다. 토지 분할이나 건물 구조의 변경, 증축 등에 의한 면적 변경 등도 표기되어있으니 꼼꼼하게 살펴야 한다. 아파트 등 집합 건물인 경우 ○○아파트처럼 전체 건물에 대한 표제부와 1동 1010호처럼 개별적 표제부가 따로 있다.

갑구에는 소유권과 관계있는 사항이 접수된 날짜순으로 기록되어 있다. 순위 번호, 등기 목적, 접수일, 등기를 한 이유와 가등기, 가처분, 예고등기, 가압류, 압류 등의 여부가 기재되어 있으므로 문제의 소지가 있는지 없는지 여부를 파악할 수 있다. 또한 계약을 할 때 소유권자와 매도인이 동일한 인물인지를 판단할 수 있는 근거도 갑구에 있다. 소유권이 지분으로 이전된 경우에는 2인 이상이 그 부동산을 공동으로 소유한다는 것을 의미한다.

을구에는 소유권 이외의 사항이 표시된다. 만일 등기목적에 저당권설정이 되어있다면 특히 눈여겨보아야 한다. 권리자 및 기타 사항에 소유주인 A씨가 자신의 부동산을 담보로 B씨에게 얼마(채권 최고액)를 빌렸는지를 등기한다. 당연히 A씨가 채무자이고 B씨가 저당권자가 된다. 등기부에 설정된 내용들을 보고 매도자의 상황을 유추하는 것도 필요하다.

한편 갑구와 을구를 통틀어 먼저 등기된 권리가 우선으로 보호받게 되므로 선후일자를 잘 따져야 한다. 등기부등본상 권리순위는 등기한 순서대로 순위번호가 기재되나 접수한 날이 같으면 같은 구에서는 순위번호에 따르고, 다른 구 사이에서는 접수번호의 전후에 따른다. 부기등기의 순위는 주등기의 순위를 따르며, 부기등기 상호간의 순위는 그 전후에 따른다. 가등기는 순위 보전 효력이 있기 때문에 가등기에 의해 본등기를 하면 본등기는 가등기의 순위를 따른다.

참고로 우리나라 민법은 부동산 매매에 있어 진정한 권리자를 보호하고 있다. 실제로 다음과 같은 예도 있었다. D는 서류를 위조해 C의 땅을 자신의 명의로 소유권 이전등기를 해두었다. 이러한 사실을 모르고 있는 E는 D에게 돈을 지불하고 땅을 매입해 소유권 이전등기까지 마쳤다. 이를 알게 된 C는 D의 등기가 무효이므로 E의 등기도 무효라고 주장했다. 과연 E는 C에게 땅의 소유권을 돌려주어야 할까?

답은 돌려주어야 한다는 것이다. 공무원이 적법한 절차로 작성한 등기부에 D가 소유자로 기재되어 있는 것을 믿었던 E로서는 답답하고 억울한 노릇이지만 어쩔 수가 없다. E를 보호한다면 진정한 권리자이며 아무런 잘못이 없는 C가 부당하게 피해를 보게 된다.

이 사건은 거래의 안전을 보호할 것이냐, 진정한 권리자를 보호할 것이냐의 문제다. 우리나라 민법은 진정한 권리자인 C를 보호하고 있다. 등기부등본을 믿은 사람을 보호하지 않는 것인데 이를 법률적으로 표현하면 "부동산 등기부의 공신력이 인정되지 않는다"라고 한다. 따라서 E는 C에게 땅의 소유권을 돌려주어야 하고, 대신 땅을 매도한 D를 사기죄로 고소해서 매매 대금을 돌려받는 수밖에 없다.

(2) 건축물대장

건축물대장에는 건축물의 위치, 면적, 구조, 용도, 층수 등 건축물의 표시에 관한 사항과 건축물 소유자의 성명, 주소, 소유권 지분 등 소유자 현황에 관한 사항이 기재되어 있다. 건축물대장에는 토지 위에 건물을 신축하면서부터 멸실할 때까지의 모든 이력이 남는다.

간혹 불법 증축, 무허가 건축 등의 후발적인 사유로 건축물대장의 내용과 실제 사항이 다를 수 있다. 매입을 검토하는 빌딩이 있다면 건축물대장과 비교해야 한다. 불법건축물이 있으면 건축물대장 첫 페이지에 노란색으로 불법건축물이 있음을 표시한다. 간혹 실제로는 불법으로 건축된 부분이 있지만 적발이 안 된 상태라서 건축물대장에 표시되지 않은 경우가 있다. 이런 것도 현장 답사를 통해서 알아보아야 한다.

또한 간혹 실제 없는 건축물인데 건축물대장으로 살아있는 경우가 있다. 이는 멸실된 예전 건축물을 멸실하지 않아서 생긴 일인데 소관청(보통 구청)에 부존재확인을 받아서 건축물대장을 없애면 된다.

[tip] 사례로 보는 건축물대장 체크포인트

매물의 가치는 건축물대장을 통해서도 파악할 수 있다. 이때 체크해야 할 중요 포인트를 짚어보면 다음과 같다.

① 위반건축물 여부 체크

위반건축물대장-1

148

일반건축물대장(갑) 옆에 위반건축물이라고 기재되어 있다. 그리고 두 번째 페이지 끝 변동사항에 변동일, 변동내용 및 원인이 기재되어 있다. 이 경우 이행강제금(해당 위반 부분의 면적, 종류에 따라 금액 상이)을 최대 연 2회까지 시장이나 군수가 부과하게 되어 있다. 이행강제금은 위반 부분을 시정할 때까지 부과되기 때문에 매입할 때 그 부분을 어떻게 처리할지에 대해서는 고민해보아야 한다. 일반적으로는 이행강제금보다 임대 수익이 더 높은 경우가 많다. 그래서 이행강제금을 납부하면서 불법건축물을 유지하는 경우도 많은 것이 현실이다.

위반건축물대장-2

② 건폐율과 용적률 체크를 통한 빌딩의 가치 판단

용도지역에 따른 건폐율과 용적률에 맞게 최유효이용을 이루고 있는지 검토하는 것이다. 일반상업지역의 경우 건폐율 60%, 용적률 800%까지 신축이 가능하다. 이 사례의 경우는 건폐율 55.68%, 용적률 222.7%로서 25% 수준에서 건물이 활용되고 있기 때문에 재임대 또는 리모델링보다는 신축을 통해 부동산의 가치를 상승시켜야 하는 물건이다. 이처럼 건축물대장을 통해 현재 가치를 고려해서 매입하려는 가격이 적정한지를 판단할 수 있다.

일반건축물대장

③ 건축물대장의 내용과 현황의 내용이 다르면 위반

건축물대장에 위반건축물로 등재가 되어 있지는 않지만 실제로는 위반건축물인 경우를 파악하기 위한 사례다. 건축물대장과 현황이 다를 경우 건축물대장이 우선한다고 보면 된다. 건축물대장을 보면 지하 1층과 지상 2층의 면적은 103m²으로 되어 있고, 1층 면적은 소매점 65.5m², 차고 37.5m²로 합계 103m²로 되어 있다. 1층의 일부분은 주차장으로 사용해야 한다는 뜻이지만 물건지 현황을 보면 주차장이 보이지 않는다. 상권이 좋은 지역의 빌딩들은 주차장으로 비워두기보다는 임대 공간으로 활용할 때 수익이 더 극대화되기 때문에 건물의 우측편을 임차 면적으로 사용한 것이다. 매입할 때 이런 부분까지 고려하지 않으면 매입한 후에 위반 건축물로 등재가 되어 이행강제금을 내면 수익성이 떨어질 우려가 있으니 주의할 필요가 있다.

건축물대장과 다른 위반 사례

④ 토지이용계획상 대지 면적과 건축물대장상 대지 면적 체크

실제 대지의 면적과 건물을 신축할 때 건폐율과 용적률을 산정하는 기준인 대지의 면적이 다르게 되는 경우다. 공적인 증명을 위해

서는 토지대장과 건축물대장을 확인하는 것이 좋지만 국토교통
부에서 운영중인 일사편리(부동산 통합민원 사이트[www.kras.go.kr])
에서도 확인이 가능하다.

토지이용계획으로 대지 면적을 확인하는 이유는 토지의 제한사
항이나 지적도면을 자세히 확인하기 위해서이다. 토지대장의 대
지 면적과 건축물대장의 대지 면적이 다른 경우는 물건지가 코너
또는 양면 도로일 때 기존의 도로 폭이 좁아 법정도로만큼의 면
적을 확보하기 위해 해당 면적만큼을 건폐율과 용적률 산정에서
제외하고 신축하는 상황에서 발생한다.

이 사례의 경우 토지대장상 면적은 187.5m², 건축물대장상 대지
면적은 323.1m²로서 차이가 135.6m²(약 41평) 정도이다. 검토하는
물건이 신축이 필요한 부지를 매입하는 것이라면 이 부분까지 가
격에 대입해 적정 가격인지 검토하는 것이 좋다. 최유효이용의
상태로 신축되어 있는 물건의 경우는 이미 수익성이 나있는 완성
품이기 때문에 이 부분이 크게 작용하지는 않는다.

이외에 토지이용계획상 도시계획선이 지나가 추후에 도로로 편
입되어 해당 면적만큼 보상을 받거나, 지구단위계획상 도로 공
간 확보로 인해 신축을 할 때 대지 면적의 감소, 건축선 지정, 건
축한계선에 의한 후퇴로 대지 면적이 감소하는 경우가 생길 수도
있다.

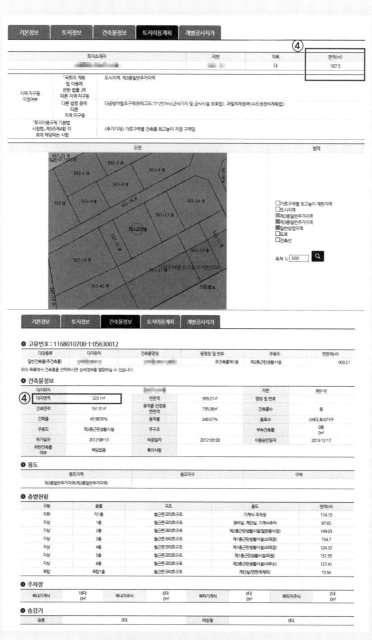

| 기본정보 | 토지정보 | 건축물정보 | **토지이용계획** | 개별공시지가 |

④

토지소재지		지번	지목	면적(㎡)
			대	187.5

지역·지구등 지정여부	「국토의 계획 및 이용에 관한 법률」에 따른 지역·지구등	도시지역, 제3종일반주거지역
	다른 법령 등에 따른 지역·지구등	대공방어협조구역(위탁고도:77-257m)(군사기지 및 군사시설 보호법), 과밀억제권역(수도권정비계획법)
「토지이용규제 기본법 시행령」제9조제4항 각 호에 해당되는 사항		〈추가기재〉 가로구역별 건축물 최고높이 지정 구역임

도면	범례

```
667-21 도
일반주거지역

563-2 대        563-4 대
563-1 대
        563-3 대
563 대  563-9 대    563-16 도
                        563-14 대
                    563-13 대
            563-12 대
563-11 대               563-15 대
    563-19 도           563-18 도
                563-17 가로구역별 건축물 최고높이(72한720호)
        563-42 도            5번도로
```

☐ 가로구역별 최고높이 제한지역
☐ 도시지역
■ 제2종일반주거지역
■ 제3종일반주거지역
■ 일반상업지역
☐ 도로
☐ 건축선

축척 1/ 500

| 기본정보 | 토지정보 | **건축물정보** | 토지이용계획 | 개별공시지가 |

● 고유번호 : 1168010700-1-05630012

대장종류	대지위치	건축물명칭	동명칭 및 번호	주용도	면적(㎡)
일반건축물(주건축물)			주건축물제1동	제2종근린생활시설	909.21

위의 목록에서 건축물을 선택하시면 상세정보를 열람하실 수 있습니다.

● 건축물정보

대지위치				지번	
④ 대지면적	`323.1㎡	연면적	909.21㎡	명칭 및 번호	
건축면적	161.51㎡	용적률 산정용 연면적	795.06㎡	건축물수	동
건폐율	49.9876%	용적률	246.07%	총호수	0세대/0호/0가구
주용도	제2종근린생활시설	주구조		부속건축물	0동 0㎡
허가일자	2012-08-13	착공일자	2012-09-28	사용승인일자	2013-12-17
위반건축물 여부	해당없음	특이사항			

● 용도

용도지역	용도지구	구역
제3종일반주거지역(제3종일반주거지역)		

● 층별현황

구분	층별	구조	용도	면적(㎡)
지하	지1층	철근콘크리트구조	기계식 주차장	114.15
지상	1층	철근콘크리트구조	경비실, 계단실, 기계식주차	87.65
지상	2층	철근콘크리트구조	제2종근린생활시설(일반음식점)	149.03
지상	3층	철근콘크리트구조	제1종근린생활시설(소매점)	154.7
지상	4층	철근콘크리트구조	제1종근린생활시설(소매점)	124.32
지상	5층	철근콘크리트구조	제1종근린생활시설(의원)	151.95
지상	6층	철근콘크리트구조	제2종근린생활시설(사무소)	127.41
옥탑	옥탑1층	철근콘크리트구조	계단실(연면적제외)	15.54

● 주차장

옥내기계식	18대 0㎡	옥내자주식	0대 0㎡	옥외기계식	0대 0㎡	옥외자주식	2대 0㎡

● 승강기

승용	0대	비상용	0대

토지이용계획원과 건축물대장의 대지 면적

153

(3) 토지대장

토지대장에는 토지의 소재, 지번, 지목, 면적, 소유자의 성명, 주소 등 사실관계가 기재되어 있다. 지적공부(地籍公簿 : 지적을 명확하게 하기 위해 작성된 토지대장·임야대장·지적도·임야도 및 수치지적부의 총칭)의 일종으로 토지의 상황을 명확하게 하기 위해 만들어졌다. 토지대장 또한 건축물대장과 마찬가지로 토지등기와 면적 일치 여부를 확인해야 한다.

등기소에 있는 토지등기부는 토지에 관한 권리관계를 공시하고 있다. 이 두 장부는 내용이 서로 일치해야 하는 것이 원칙이지만, 서로 내용이 상이할 경우 권리관계에 대한 내용은 등기부등본의 내용을 우선하고 사실관계에 대한 내용은 토지대장을 우선해 판단한다.

매매계약서를 작성할 때도 꼭 체크를 해야 한다. 실측량을 하지 않아 실제면적과 공부상 면적이 다른 경우가 종종 있다. 이럴 때는 공부상 면적을 기준으로 삼는다.

(4) 토지이용계획

토지이용규제기본법에 근거한 토지의 이용 용도를 확인하는 문서로서 부동산 개발을 할 때 토지에 대한 각종 규제와 허가 가능한 용도 등이 기재되어 있다. 계약하려는 해당 부동산이 재건축 또는 신축이 필요할 경우 특히 주목해야 한다. 계획한 용도에 비추어볼 때 규제나 허가가 어떠한 상황인지 확인해야 한다.

공적장부는 아니지만 중개업자의 의무사항으로 계약 전 또는 계약할 때 작성하는 중개대상물확인설명서가 있다. 공적장부를 통해 확인한 내용과 중개업자가 확인한 사항을 기재하는 것으로 해당 부동산 소재, 건축물 내외부 현황, 권리관계, 토지이용계획, 입지에 대한 내역을 표기한다. 내외부 시설물의 상태도 확인하는데 여기서 중요한 부분이 건물 하자, 균열, 누수 여부이다.

실제 현장을 답사해 확인한 내용과 다르다면 사전에 협의해서 어떻게 처리할지 계약서에 명시해야 한다. 그렇지 않으면 소유권이전 등기 후 책임 소재에 문제가 발생할 수도 있다. 이 중개대상물확인설명서는 매매계약서와 함께 중개업자가 보관해야 한다.

여기까지 왔다면 이제 가장 중요한 순서인 계약서 작성만 남았다.

제5단계 : 계약하기

[3초 Summary]
1. 매매대금 지급
   일반적 관행: 계약금 10%, 중도금 40%, 잔금 50%
   최근 추세: 계약금 10%, 잔금90%
2. 계약기간 내 대출집행 / 임대사업자 등록 / 잔금일 지정 등은 필수
3. 매매계약 / 중도금 / 잔금집행 시 필요서류 체크

이제 도장만 찍으면 정말 조물주 위의 건물주가 되는 것인가? 기대와 설렘은 잠시 접어 두어야 한다. 가장 중요한 절차이기 때문에 긴장의 끈을 놓으면 안 된다. 복잡한 계약 과정 때문에 자칫 판단력이 흐려지면서 중요한 부분을 간과할 수 있으니 조심해야 한다. 혹시 계약 중 변수라도 발생하면 당황해서 더 큰 실수를 저지를 수 있다. 조심 또 조심해야 한다.

계약 당일에는 앞서 언급한 등기부등본을 다시 확인해야 한다. 추가 대출, 가압류 등 매물에 문제는 없는지를 확인하고, 계약 당사자와 소유권자가 동일한지도 파악해야 한다.

"형 대신 왔어요." "남편이 바빠서요. 위임장을 대신 가져왔습니다."

이런 경우도 종종 있는데 소유주의 부재로 어쩔 수 없이 대리인이 참석하는 경우에는 인감증명서, 위임장, 대리인 신분증 등의 서류가 필요하다. 그리고 안전한 계약을 위해 실소유주와 통화해서 매도 여부를

확인하는 절차도 필요하다. 최근에는 소유주와 매수자가 화상통화를 하고 그 장면을 녹화하는 사례도 있었다.

(1) 자금 집행일 및 금액 정하기

계약할 때 가장 중요한 부분은 바로 돈을 주고받는 것이지만 계약 당사자간 협의도 이루어지는 만큼 법적으로 정해진 것은 없다. 통상적으로 계약금 10%, 30일 이내에 중도금 40%, 30일 이내에 잔금 50%를 집행하는 것이 관례였다. 하지만 최근에는 대출을 많이 받아 잔금을 치르는 경우가 빈번해지면서 중도금을 치르면서 잔금까지 한 번에 지급하는 계약이 많아지고 있는 추세다. 금융권의 상황에 따라 변화된 거래 형태라고 보면 된다.

∷ 잔금 집행일 지정

현 임차인과 매도인 사이에 명도 문제가 걸려있다면 명도가 완료된 날로 잔금 집행일을 지정하는 것이 바람직하다. 잔금 집행이 완료된 후에는 새로운 건물주가 직접 문제를 해결해야 할 수도 있기 때문이다.

보통 지방세법상 6월 1일의 소유자가 납세의무자라서 잔금 집행일을 6월 1일 이전으로 하느냐, 이후로 하느냐를 두고 매도자와 매수자가 예민하게 반응하기도 한다. 건물 재산세는 7월에 납부하고 토지 재산세는 9월에 납부하는데, 이 기준이 6월 1일 소유자에게 적용되기 때문이다.

부동산을 취득하면서 발생하는 취득세는 상업용 빌딩의 경우 농어촌특별세와 지방교육세를 포함해 취득가액의 4.6%(취득세 4%+농어촌특별세 0.2%+지방교육세 0.4%)다. 이는 잔금 집행일에 매매 대금 이외에 꼭 준비해야 하는 자금으로 등기소에 소유권 이전을 신청할 때 납부영수증을 같이 제출해야 한다.

(2) 권리관계 및 불법사항 확인

등기부등본, 토지대장, 건축물대장 등 권리관계를 확실히 파악해야 한다. 해당 물건에 불법적인 문제가 없는지도 꼭 살펴야 한다. 등기부등본과 건축물대장, 토지대장에 기입된 내용이 다를 경우도 있다. 이는 위에서 이야기한 것처럼 등기부등본의 내용은 등기소에서 관리하고 대장의 내용은 소관청(보통 구청)에서 관리하기 때문이다.

이렇게 이원화되어 있어서 한쪽만 변경하고 다른 쪽은 변경을 하지 않아서 향후 일치하지 않을 수가 있다. 이때는 권리관계에 해당하는 내용은 등기부등본을 기준으로 적용하고, 빌딩의 현황 및 사실관계에 해당하는 경우는 대장을 기준으로 적용하면 된다.

(3) 계약에 필요한 서류

▶계약금 집행 시 필요 서류

	준비항목	설명
매수인	개인 : 계약금, 도장, 신분증 법인 : 계약금, 법인도장, 대표자 신분증	본인이 발급한 인감증명서, 위임장, 대리인 신분증
매도인	개인 : 도장, 신분증, 임대차계약서, 등기권리증, 통장, 사업자등록증 법인 : 법인도장, 대표자신분증, 임대차계약서, 등기권리증, 통장, 사업자등록증	

▶중도금 집행 시 필요 서류

	준비항목	설명
매수인	중도금 (직접지급 혹은 계좌이체)	계약서 상의 기일에 약속한 방식으로 대금을 지급
매도인	계좌번호, 예금주 등 은행정보	

잔금을 치를 때 필요한 서류는 따로 설명하겠다.

빌딩 매입 시 알아야 할 기본사항

상업용 빌딩 매입 절차는 일반 아파트와 다르다. 크게 차이 나는 몇 가지를 간단하게 알아보자.

첫째, 대출에 차이가 있다. 아파트를 매입할 때는 가계대출이고 상업용 빌딩을 매입할 때는 임대업자를 위한 사업자대출이다. 따라서 가계대출에서 적용받는 총부채원리금상환비율(DSR), 총부채상환비율(DTI) 등의 규정은 적용되지 않는다. 대신 담보대출비율(LTV)과 임대업자이자상환비율(RTI)의 적용을 받는다. 참고로 사업자대출에 따른 감정료와 설정비를 은행에서 부담하기 때문에 매수인은 추가 부담이 없다.

둘째, 비용처리가 가능하다. 임대 사업을 위해 대출을 받는 것이기 때문에 대출이자는 비용처리가 가능하다. 다시 말해 종합소득세를 낼 때 소득에서 이자를 지출로 빼고 남은 금액에서 소득세를 계산한다. 공유로 취득하는 경우에는 동업계약서를 작성해야 한다. 동업계약서는 복잡하거나 자세한 내용을 기입하지 않아도 된다. 사업장 주소, 빌딩의 이름(상호), 각 동업자의 인적 사항, 공유자들의 자금 조달 비율 등 동업으로 임대업을 영위한다는 내용이 들어있으면 된다(167쪽 [tip] 참고).

셋째, 부가가치세에 차이가 있다. 보통의 상업용 빌딩은 토지와 건물의 등기부등본이 각각이다. 보통 건물을 매매한다고 하지만 실제로는 토지와 건물이라는 부동산 2개를 동시에 매매하는 것이다. 그런데 부가가치세법상 토지는 면세품이지만, 건물은 부가가치세가 부과되는 과세 대상이다. 부가가치세란 모든 재화 또는 용역의 소비 행위에 부과되는 일반 소비세로 조세의 부담이 거래의 과정을 통해 납세의무가 있는 사업자로부터 최종 소비자에게 전가되는 간접소비세이다.

총 매매가격에서 토지와 건물의 가격을 나누고 건물가액에서 10%의 부가세가 발생하므로 보통 잔금 집행일에 세금계산서를 발행한다. 매도인은 부가세를 납부하고 매수인은 세금계산서를 토대로 조기환급신청을 하면 보통 1~2개월 후에 매수인의 계좌로 부가세가 환급된다. 다만 매매계약이 완결된 후에 매입한 건물을 철거하는 경우에는 부가세 환급을 받을 수 없다.

하지만 이처럼 부가세가 매수인→매도인→과세당국→매수인으로 돌고 도는 것이 번거롭기 때문에 상업용 빌딩의 매매계약은 임대업을 포괄양도양수하는 형식으로 계약서를 작성한다. 임대업을 포괄양도양수하는 형태로 매매계약을 체결하면 건물 가격과 토지 가격을 나눌 필요가 없다. 당연히 건물 가격에 대한 부가세가 발생하지 않는다. 포괄양도양수계약은 임대사업장(빌딩)의 모든 임대업자의 사업 시설과 그 사업에 관련된 일체의 인적·물적 권리와 의무를 양도하는 것으로 작은 규모의 M&A 같은 개념이다. 이 경우에는 조건이 몇 가지 있다.

① 매수인과 매도인 모두 일반사업자여야 할 것.
② 종목에 임대업 이외 다른 사업이 없어야 할 것.
③ 사업 전체를 양도양수할 것.

한편 아래와 같은 경우는 포괄양도양수가 되지 않는다.

① 사업과 직접 관련이 있는 토지와 건물을 매매에서 제외하는 경우.
② 매도인이 임차인을 내보내는 조건으로 건물을 양도하는 경우(건물 전체에 임차인이 없는 경우).
③ 과세 유형이 다른 경우.

큰돈이 오가는 빌딩을 중개하다 보면 일반 아파트를 중개하는 중개업자들보다 더 다양한 일을 경험하게 된다. 매도자 우위 시장에서는 계약 조건과 금액이 맞지 않아 계약을 안 한다고 가버리는 고객도 많았고, 계약하러 와서는 다른 중개인과 통화를 하면서 금액을 더 받아준다면 없던 일로 하겠다는 매도자도 있었다. 반대로 이런저런 핑계를 대면서 금액을 깎으려고 하는 매수자도 있었다.

계약일은 매도자, 매수자, 중개인 모두에게 중요한 날이다. 그만큼 신경이 날카로워진다. 계약하러 온 시간으로부터 무려 11시간 후에 도장을 찍은 계약이 필자가 중개한 계약 중 최장 시간이었다.

제6단계 : 중도금 및 잔금 준비하기

[3초 Summary]
1. 대출 신청 : 주거래 은행을 포함, 은행 2~3곳의 대출 금액과 금리를 비교할 것.

2. 법무사 선임 : 소유권 이전을 담당할 법무사를 선임할 것.

3. 명도 또는 임대차 확인 및 시설을 체크할 것.

계약금 지불 후 해야 할 일

(1) 대출 신청 및 대출 계약

계약금을 지불했다면 중도금과 잔금의 계획도 잘 세워야 한다. 계약은 약속이고 중도금은 약속의 이행으로 계약금 지급과 중도금 지급은 조금 다른 개념이다. 어쨌든 둘 다 차질 없이 처리해야 비로소 건물주가 될 수 있다.

대출은 중도금 단계에서는 불가능하고 잔금을 집행할 때에만 가능하다. 그래서 중도금까지는 본인이 가지고 있는 현금이어야 한다. 때문에 반드시 가능한 현금 투자분을 기준으로 삼아 대출 가능 금액과 잔금 집행 일정 등을 따져야 한다.

에피소드를 하나 소개하자면 예전에 달러를 보유한 매수자가 중도금 전에 환전하려고 했는데 환전할 타이밍을 놓쳤다가 갑자기 달러 가격이 내려가면서 중도금을 지급하지 못한 적이 있었다. 다행히 매도자가 양해를 해주어 큰 문제없이 계약이 성사되었지만 큰 낭패를 볼 수도 있었던 사례였다. 그래서 필자는 이런 계약을 할 때는 중도금 지급일을 아예 빼거나 중도금까지는 원화로 미리 준비하라고 당부하고는 한다.

저금리가 지속되면서 본인 자금만으로 매입하는 투자자는 거의 없다. 대부분 매매가격 대비 50% 전후의 대출을 받는다. 대출 신청은 한 곳보다는 주거래 은행을 포함해 2~3곳의 은행에 신청한 다음 대출 금액과 금리를 비교하는 것이 좋다. 각 은행마다 감정가가 다르고 은행의 정책, 자금 사정에 따라 대출 금액과 금리가 달라지기 때문이다. 대출 금액이 커서 약간의 금리 차이라도 돈을 빌리는 입장에서는 매우 중요한 문제가 될 수 있다.

통상적으로 대출 신청 후 집행까지 2~3주 정도 소요된다. 은행 나름대로 대출 금액을 산정하기 위해 정식 감정을 의뢰하고 그 결과가 나온 후에 본점의 승인을 받아야 해서 시간이 오래 걸린다. 이 기간을 감안해 미리 준비해야 한다. 혹시 잔금 집행일이 공휴일인지 아닌지도 파악해야 한다.

(2) 임대사업자 등록

임대 건물일 경우 계약 후 잔금 집행일 전까지 임대사업자 등록을 마쳐야 한다. 공유로 취득하는 경우에는 사업자등록을 신청할 때 동업계약서를 작성해서 첨부해야 한다. 세법상 신규로 임대업을 하려면 사업개시일부터 20일 이내에 하면 된다.

과거에는 잔금을 치른 후 임대사업자등록을 했는데 최근에는 잔금을 집행할 시점에 맞춰 대출을 받기 위해 그 전에 임대사업자등록을 하는 것이 일반적이다.

잔금 집행일이 곧 소유권 이전일이며 동시에 사업 개시일이다. 또한 대출을 받을 때 은행에서 임대업사업자등록증을 요구하기 때문에 사업자등록을 잔금을 치르기 전에 하는 것이 편하다. 이때 임대료를 받을 통장을 개설하면 된다.

빌딩에서 발생하는 수입과 지출은 임대료 통장 한 곳에서 입출금하는 것이 좋다. 향후 증명해야 할 일이 생길 때 편리하다. 만일 개인 명의의 통장을 사용하거나 통장 여러 개를 사용했다면 입출금 내역을 찾기가 쉽지 않다.

한편 임대사업자등록은 빌딩소재지 관할 세무서에 신청하면 된다. 일반임대사업자와 주택임대사업자의 차이에 대해서는 아래에 자세히 기술했다.

[tip] 일반임대사업자와 주택임대사업자의 차이

2018년 8월13일 국토교통부에서 발표한 자료에 따르면, 2018년 7월 한 달간 임대사업자로 등록한 수가 전년 동월 대비 52.4%, 전월 대비 18.7% 증가했다. 지역별로 보면 서울(2,475명)과 경기도(2,466명)에서만 총 4,941명이 등록해 전국 신규 등록 사업자 중 71.5%를 차지했다.

이 통계는 각종 세제 혜택을 통해 다주택자의 임대사업자등록을 유도해 주거 관리의 효율성을 높이고 시장 안정을 꾀하려는 현 정부의 2017년 12월 정책이 어느 정도 효과를 보고 있다는 것을 보여준다. 나아가 급등하는 서울 집값을 잡기 위해 임대사업자 혜택을 축소하겠다는 정부의 발표가 6월에 나오자 7월 임대사업자 등록이 늘어난 것이다.

일반임대사업자와 주택임대사업자의 차이는 무엇일까? 일반임대사업자의 경우는 임대목적물이 상가나 업무용 오피스텔 등의 수익형 부동산으로, 임차인으로부터 임대료를 받을 때 부가세를 함께 받으며 임대인은 이 부가세를 신고하고 납부해야 한다. 즉, 수익이 목적인 부동산은 임대 소득을 투명하게 관리하기 위해 사업자등록을 의무화하고 있다.

반면, 임대 대상이 주거용인 경우에는 임대 소득에 부가세가 면제되기 때문에 사업자등록을 의무화하지 않았다.

세제 혜택의 차이도 있다. 일반임대사업자는 취득세 면제 및 재산세 감면의 혜택이 없다. 주택임대사업자의 경우에는 전용면적이 $60m^2$ 이하일 때 취득세 200만 원 이하는 면제가 되고 200만 원 이상일 경우 85%를 감면해주며, 전용면적 $40m^2$ 2세대 이상을 임대할 때 재산세를 감면해준다.

세제 혜택에서 가장 큰 차이점은 일반임대사업자는 건물 금액에 대한 부가가치세 10%를 환급받을 수 있다는 것이다. 이는 일반과 세자에게 매입 세액을 공제해주기 위한 조치이다. 반면 주택임대사업자는 면세 사업 대상이라서 매입세액공제 혜택이 없어 건물분에 대한 부가세 환급이 이루어지지 않는다.

끝으로 주택임대사업자는 민간임대 4년, 준공공임대 8년의 의무 기간이 주어지며 기간을 채우지 못하고 포괄양도를 하지 않을 경우 감면 받은 취득세를 추징당하거나 1천만 원 이하의 과태료를 내야 할 수도 있다. 하지만 포괄양도를 하게 될 경우 과태료는 납부하지 않지만 감면 받은 취득세는 반환해야 한다.

수익형부동산에 투자를 하느냐, 아니면 주택에 투자해 사업자등록을 하느냐는 선택의 문제를 떠나 가장 중요한 것은 본인의 상황을 고려해 가장 합리적인 투자가 무엇인지 분석하는 것이다. 개인마다 자금 사정, 삶의 가치, 계획 등이 다 달라 누구를 따라가는 투자를 한다는 것은 온당치 못하다.

물론, 투자판단의 몫은 본인에게 있지만 세무사나 부동산 컨설턴트, 단지 내 부동산 등 각각의 시장에 가장 근접해있는 여러 전문가들에게 귀를 기울여 정보를 수집하고 그 정보를 바탕으로 자신의 결정에 확신을 갖고 주관적인 투자를 하는 것이 현명하다고 할 수 있다.

▪▪ 동업계약서 작성

매입을 앞두고 단독명의와 공동명의를 두고 고민하는 투자자들이 많은 편이다. 아파트는 대부분 본인 단독명의이거나 부부 공동소유인 경우가 많다. 공동 소유자들이 모두 1주택 소유자로 간주되어 자녀와 함께 소유하는 아파트 등기는 거의 없다. 그리고 사전 증여를 하려면 지분 100%를 넘겨준다. 하지만 빌딩은 종합소득세 및 양도소득세 절세 효과가 있어 자녀까지 공동 소유자가 되는 경우가 점점 많아지고 있는 추세다.

공동소유로 매입하면 기본적으로 지분별로 임대 수입이 나누어지기 때문에 소득 금액이 적어지고, 임대 소득은 종합소득세 신고에 포함되어서 다른 소득이 있을 경우에는 누진세율에 따라 최고 42%의 고세율이 적용된다. 반대로 소득이 낮거나 없는 공유자는 낮은 세율을 적용받기 때문에 어느 정도는 절세를 할 수 있다. 즉 공동 소유자가 많으면 많을수록 유리하다.

만약 공동명의로 건물을 매입하는 경우라면 동업계약서를 작성해 사업자등록을 할 때 같이 제출해야 한다. 그래야 대출이자를 임대업을 영위하기 위한 비용으로 간주해 이자 지출을 회계상에서 비용으로 처리할 수 있다. (아래 tip 참고)

[tip] 동업계약서의 예

동업계약서는 복잡하거나 자세한 내용이 기입되지 않아도 된다. 사업장 주소, 빌딩의 이름(상호), 각 동업자의 인적 사항, 공유자들의 자금조달 비율 등 동업으로 임대업을 영위한다는 실질적인 내용이 들어있으면 된다. 동업계약서는 사업자등록을 할 때 첨부해서 제출한다.

동 업 계 약 서

1. 사업장

      상 호 : ㅇㅇ빌딩

      소재지 : 서울시 ㅇㅇ구 ㅇㅇ동 ㅇㅇㅇ-ㅇㅇㅇ

2. 인적사항

  "갑"

      성 명 : ㅇㅇㅇ   주민번호 : ㅇㅇㅇㅇㅇㅇ-ㅇㅇㅇㅇㅇㅇㅇ

      주 소 : ㅇㅇ시 ㅇㅇ구 ㅇㅇ동 ㅇㅇㅇ-ㅇㅇㅇ

  "을"

      성 명 : 오동협   주민번호 : ㅇㅇㅇㅇㅇㅇ-ㅇㅇㅇㅇㅇㅇㅇ

      주 소 : ㅇㅇ시 ㅇㅇ구 ㅇㅇ동 ㅇㅇㅇ-ㅇㅇㅇ

"갑"과 "을"은 상기 사업장 소재지에서 부동산임대사업을 시작함에 있어 다음과 같이 동업계약을 체결한다.

- 다 음 -

제 1 조 : "갑"과 "을"은 2017. 1. 4.부터 공동 사업을 영위하기로 하며, 사업장의 명칭은 (ㅇㅇ빌딩)으로 정하고 대표는 "갑"으로 한다.

제 2 조 : 공동사업지분은 "갑"(지분율: 50%), "을"(지분율:50%)로 하며, 사업 경영에 관한 모든 사항에 대하여 공동으로 운영하며, 모든 수익과 비용 및 사업에 대한 책임은 각각의 지분율에 따라 배분하기로 한다.

제 3 조 : "갑"과 "을"은 제2조의 지분 비율에 따라, 상기 사업장에 대한 임대보증금을 분담하며, 개업에 따른 추가자금 필요시 각각 지분비율에 따라 추가 출자한다.

상기 동업계약 사실을 증명하기 위하여 서명·날인 후 각각 1통씩 보관한다.

2017년 1월 2일

계 약 자

      "갑" : ㅇ ㅇ ㅇ _(인)

      "을" : 오동협 (인)

참고로 공동명의로 매입하는 경우 취득, 보유, 양도 등 시점별로 절세 효과를 살펴보면 다음과 같다.

▶ 취득 시 납부 세율

취득 시 납부 세율			취득세	농특세	교육세	세율합계
취득방법			취득세	농특세	교육세	세율합계
주택 외(토지, 건물, 상가 등)			4.0%	0.2%	0.4%	4.6%
원시취득			2.8%	0.2%	0.16%	3.16%
주택	6억 원 초과~9억 원 이하	85㎡ 이하	2.0%		0.2%	2.2%
		85㎡ 초과	2.0%	0.2%	0.2%	2.4%
	9억 원 초과	85㎡ 이하	3.0%		0.3%	3.3%
		85㎡ 초과	3.0%	0.3%	0.3%	3.5%

*농특세(농어촌특별세) : 중과기준세율의 10%
*교육세 : 본세의 20%

:: 취득 시

부동산을 매입할 때 발생하는 취득세는 명의에 따라 크게 달라지는 것은 없다. 매입 자산의 취득가액을 기준으로 세액이 결정되고, 결정된 세액을 소유자가 지분율만큼 납부하는 것이므로 공동명의라도 취득세 총액에는 변화가 없다.

참고로 취득세는 매입 가격의 1.1~4.6% 정도를 낸다. 주택의 취득세는 금액과 면적에 따라 1.1~3.5% 정도로 다르지만, 토지나 상가 등 일반부동산은 4.6%이다. 빌딩을 신축하면 3.16%를 납부한다. 납부 시기는 취득한 날로부터 60일 이내이며, 등기를 하는 경우 등기일이 기준일이다.

참고로 취득세 중과 대상을 정리하면 다음과 같다.

1) 과밀억제권역 공장 신증설 및 본점 사업용 부동산 취득 시

: 취득세 세율+중과기준세율의 2배(4%)=빌딩 매매의 경우 9.4%

2) 대도시 신설법인 부동산 및 공장 신설 취득 시

: 표준세율×3-중과기준세율의 2배(4%)=빌딩 매매의 경우 9.4%

3) 별장, 골프장, 고급주택, 고급오락장, 고급선박 취득 시 중과 대상

이 된다.

:: 보유 시

부동산을 보유하는 동안 납부하는 세금으로는 재산세와 종합부동산세가 있다. 재산세는 부동산별로 부과되는 지방세로 소유주가 지분율만큼 나누어 납부한다. 단독명의나 공동명의 모두 총세액에 차이는 없다.

매년 6월 1일을 기준으로 소유자가 의무적으로 납부해야 하며 7월에 건물분, 9월에 토지분으로 나누어 납부한다. 재산세는 재산의 시가표준액에 공정시장가액 비율을 곱한 금액으로 세액이 결정된다.

이와 달리 종합부동산세는 개인별로 부과하는 국세이다. 때문에 취득세, 재산세와 달리 총세액이 달라질 수 있다. 종합부동산세는 주택, 종합합산토지, 별도합산토지가 과세 대상이다. 납세의무자별로 공시가격 6억 원 초과 주택(1세대 1주택자의 경우 3억 원 추가 공제), 공시지가 5억 원 초과 토지, 별도합산과세 대상인 경우 공시지가 80억 원 초과 사업용 토지에 대해서 세금을 부과한다.

빌딩 투자에서 종부세가 적용되는 사례는 많지 않다. 왜냐하면 대부분 임대업을 하는 사업용 토지에 해당되고, 공시지가 80억 원을 초과하는 사업용 토지는 규모가 큰 대형 빌딩이라서 중소형 빌딩에 적용되는 경우가 거의 없다. 그래서 종부세는 고가의 주택에 적용되는 경우가 많다.

170

▶ 9.13 주택시장 안정방안(2018)에서 발표된 종합부동산세 변화

과세표준 (시가)	현행	당초정부안		수정안	
		2주택 이하	3주택 이상	일반	3주택 이상 & 조정대상지역 2주택
3억 원 이하 (1주택 18억 원 이하 다주택 14억 원 이하)*	0.5%	현행유지	현행유지	현행유지	0.6% (+0.1%p)
3억~6억 원 (1주택 18-23억 원 다주택 14-19억 원)				0.7% (+0.2%p)	0.9% (+0.55%p)
6억~12억 원 (1주택 23-34억 원 다주택 19-30억 원)	0.75%	0.85% (+0.1%p)	1.15% (+0.4%p)	1.0% (+0.25%p)	1.3% (+0.55%p)
12억~50억 원 (1주택 34-102억 원 다주택 30-98억 원)	1.5%	1.2% (+0.2%p)	1.5% (+0.5%p)	1.4% (+0.4%p)	1.8% (+0.8%p)
50억~94억 원 (1주택 102-181억 원 다주택 98-176억 원)	2.0%	1.8% (+0.3%p)	2.1% (+0.6%p)	2.0% (+0.5%p)	2.5% (+1.0%p)
94억 원 초과 (1주택 181억 원 초과 다주택 176억 원 초과)	2.0%	2.5% (+0.5%p)	2.8% (+0.8%p)	2.7% (+0.7%p)	3.2% (+1.2%p)
세부담 상한	150%	현행유지		150%	300%

* 1주택자 공시가격 9억 원(시가 약 13억 원) 이하, 다주택자 공시가격 6억 원(시가 약 9억 원)은 과세 제외
*( )는 현행대비 증가 세율

한편 공시지가 인상으로 재산세와 종부세 부담이 커지면서 최근 신탁사에 부동산을 신탁하는 개인 자산가들이 늘고 있다. 부동산 관리신탁 자산 규모는 부동산 대책이 쏟아져 나온 2018년 하반기부터 크게 늘어 2019년 6월 기준으로 약 8조 원에 달한다. 신탁사에 신탁을 할 경우 소유권이 신탁사로 이전되기 때문에 개인별로 부동산의 공시지가를 합산해 납부하는 종부세에서 해당 부동산이 제외되는 것이다.

양도소득세율(2019)			
구분	과세표준액	세율	누진공제액
1년 미만 보유	50%(주택, 조합원 입주권은 40%)		
1년~2년 미만 보유	40%(주택, 조합원 입주권은 기본 세율. 단, 조정지역 내 분양권은 50%)		
2년 이상 보유	1,200만 원 이하	6%	—
	4,600만 원 이하	15%	108만 원
	8,800만 원 이하	24%	522만 원
	1억 5,000만 원 이하	35%	1,490만 원
	3억 원 이하	38%	1,940만 원
	5억 원 이하	40%	2,540만 원
	5억 원 초과	42%	3,540만 원
미등기자산 : 70% 비사업용토지 등 : 비사업용토지 세율은 기본 세율+10%이며 지정지역은 비사업용토지 세율 +10%(최대 62%)			

예를 들어, 서울에 공시가격 10억 원짜리 아파트 2채를 보유하고 있다면 2019년 기준으로 약 1천만 원의 종부세를 내야 하는데, 1채를 신탁사에 넘기면 1주택 보유자가 되면서 종부세가 대폭 줄어 수백만 원의 절세 효과가 생긴다. 납세의 의무가 신탁사에 있으므로 절세의 효과가 있고, 발급받은 신탁증서를 은행에 담보로 맡기면 다주택자도 쉽게 대출을 받을 수 있다. 단, 신탁사에 수수료를 지불해야 하므로 득실을 따져보고 판단해야 한다.

:: 양도 시

부동산을 샀으면 언젠가는 처분을 해야 한다. 돈을 받고 팔면 '양도', 공짜로 누군가에게 주면 '증여', 소유권자가 사망해 명의가 변경되면 '상속'이 된다. 양도세는 이익을 본 만큼에 대해 매도하는 사람이 내야 하지만 증여나 상속은 돈을 받지 않고 넘기는 것이므로 부동산을 넘겨받는 사람이 세금을 내야 한다.

명의의 구분에 따라 가장 큰 세제 혜택이 발생하는 경우가 바로 돈을 받고 부동산을 팔 때 발생하는 양도소득세다. 양도소득세는 과세표준액(소득금액)에 따라 세율이 차등으로 적용되는 세금이다. 많이 벌었으면 많이 내라는 취지이다. 공동명의인 경우 양도 차익이 지분대로 나누어져 소득 금액이 분산되는 효과가 있다. 자연히 낮은 세율을 적용받는다. 그래서 공동명의가 절세 측면에서 유리하다는 것이다. 또한 양도소득세의 기본 공제는 납세의무자별로 250만 원을 받을 수 있다. 토지 및 건물에 관한 장기보유특별공제는 3년부터 적용되는데 3년 이상 6%를 시작으로 1년마다 2%씩 추가된다. 15년 이상 보유하면 30% 특별공제를 받는다.

한편, 174쪽 표는 양도 차익이 10억 원이라고 가정했을 때 단독소유와 공동소유의 차이를 비교한 것이다. 다른 공제는 무시하고 단순하게 비교한다면 공동명의인 경우, 특히 명의자가 많으면 많을수록 이득임을 알 수 있다. 그래서 "어차피 물려줄 것이라면 일찍 주는 게 낫다"는 말이 나온다.

매입할 때가 아니라 추후에 증여의 형식으로 지분을 이전하게 되면 증여신고금액에 따라 양도세와 증여세가 발생할 수 있다. 당연히 취득세도 납부해야 한다. 그래서 매입 단계부터 지분 비율을 정리해두는 것이 좋다.

지분구조별 양도소득세 비교(단위 천원)									
구분	단독명의	2인 공동명의의 경우			4인 공동명의의 경우				
		갑(50%)	을(50%)	소계	갑(50%)	을(50%)	갑(50%)	을(50%)	소계
양도 차익	1,000,000	500,000	500,000		250,000	250,000	250,000	250,000	
장기보유특별공제(10%)	100,000	50,000	50,000		25,000	25,000	25,000	25,000	
양도소득금액	900,000	450,000	450,000		225,000	225,000	225,000	225,000	
양도소득기본공제	2,500	2,500	2,500		2,500	2,500	2,500	2,500	
과세표준	897,500	447,500	447,500		222,500	222,500	222,500	222,500	
세율	42%	40%	40%		38%	38%	38%	38%	
양도소득세	341,550	153,600	153,600	307,200	65,150	65,150	65,150	65,150	260,600
지방소득세	34,155	15,360	15,360	30,720	6,515	6,515	6,515	6,515	26,060
세액합계	375,705	168,960	168,960	337,920	71,665	71,665	71,665	71,665	286,660

정리하자면 꼬마빌딩을 매입할 때 평균 4%, 보유하고 있는 동안 매년 0.28%, 매도할 때 그 차익에 대해 10~50%의 세금을 내야 한다. 싸게 나온 매물이 있어서 덜컥 매입을 결정했는데 이렇게 예상치 못했던 세금과 부대 비용 때문에 비상금까지 털어야 하는 경우도 많다. 2년 정도 시간이 지난 후에 급하게 팔게 되었는데, 시세 차익이 고스란히 세금으로 사라지는 경우는 더 많다.

"앞으로 벌고 뒤로 손해 본다"는 말은 이럴 때 쓰는 것이다. 따라서 빌딩을 매입할 때 임대용인지 매매차익용인지, 공동으로 매입할 것인지 아닌지 확실하게 전략을 세워야 한다.

(3) 법무사 선임하기

매매를 할 때 소유권 이전 절차 등 체크해야 할 서류가 많다. 실수를 방지하기 위해서 법무사를 선임해야 한다. 매도자 측에서 필요한 서류를 사전에 체크해 준비하게 하면 잔금을 집행할 때 발생할 수 있는 여러 변수를 최소화할 수 있다.

(4) 임대차 확인하기

보통 매도인들은 매매계약이 완전히 끝나기 전까지는 임차인들에게 매도 사실을 말하지 않는다. 어쩔 수 없이 을의 위치에 있는 임차인들이 새 건물주와 만나면 생길 수 있는 여러 일들을 미리 걱정하기 때문이다.

또한 미리 이야기해주면 일부 임차인들 중에서는 악의적으로 임대료를 연체하는 사람도 있다. 그래서 보통 매도자들은 잔금을 받기 직전까지 매도 사실을 숨기는 경우가 많다.

하지만 매수자는 매도자로부터 받은 임대차계약에 대한 내용을 계약의 당사자인 임차인에게 직접 확인할 필요가 있다. 보증금, 임대료, 관리비, 계약만기일, 기타 임차하면서 있었던 여러 문제점 등을 미리 확인해야 한다. 그 공개 시점은 부동산중개인을 포함해서 매수자와 매도자가 합의해서 정하면 된다.

임대차계약도 승계해야 한다. 매매계약을 하면서 임차인 포괄승계를 했어도 임대차계약서에 임대인 명의변경 계약을 추가로 하는 것이 좋다. 이때 임차인으로부터 세금계산서를 발행할 사업자등록증과 이메일 주소를 받으면 된다.

(5) 소방안전관리자 선임하기

의무적으로 2급 소방안전관리자를 선임해야 하는 빌딩이 있다. 외부업체에 위탁을 줄 수도 있지만 꼬마빌딩은 매수자나 매수자의 지인을 선임하는 경우가 많다. 4일간 교육을 받고 시험에 합격하면 2급소방안전관리자 자격증을 딸 수 있다.

제7단계 : 소유권 이전등기

[3초 Summary]

1. 등기부등본 확인

  : 근저당, 가압류, 가등기 등 말소해야 할 내용이 남아있는지 체크할 것.

  : 등기부등본과 건축물대장상 내용이 같은지 체크할 것.

2. 매도인 정산 서류 확인

  : 임대료, 공과금 정산 등 체크할 것.

3. 잔금 집행일에 필요한 서류를 챙길 것

▶소유권 이전 시 필요한 서류

	준비항목	설명
매수인	신분증, 도장, 주민등록등본, 계약서	잔금정산 ① 임대료, 관리비, 공과금 정산내역 ② 보증금 ③ 담보채권액 확인 ④ 건물 부가가치세지급(사업체양수양도 시 제외)
매도인	개인 ①부동산 매도용 인감 증명서 (매수자 인적사항 기재) ② 주민등록초본(주소 변동사항 기재) ③ 인감도장 ④ 신분증 ⑤ 등기권리증 ⑥ 기타(건물도면, 각종 용역계약서 및 채용계약서, 열쇠 등) 법인 ① 법인 매도용 인감 증명서 ② 법인등기부 등본 ③ 법인 인감도장 ④ 등기권리증 원본 ⑤ 기타(건물도면, 각종 용역계약서 및 채용계약서, 열쇠 등)	

잔금 집행일 약속 시간은 오전에

잔금 집행일에는 해야 할 것도, 확인할 것도 많다. 바쁜 날이기 때문에 실수가 없어야 하는 만큼 약속 시간은 오전으로 잡는 것이 좋다. 반드시 모든 서류를 꼼꼼하게 확인한 다음 잔금을 치러야 한다.

:: 등기부등본 확인

잔금 집행일에는 등기부등본을 다시 출력해 변동 사항이 없는지도 확인해야 한다. 또한 상환할 원금, 이자, 중도상환수수료를 포함한 전체 상환금액을 확인하고 매도자가 상환할 대출금에 대해 말소할 준비를 해야 한다.

:: 매도인 정산 관련 서류 확인

매도인이 빌딩 소유권을 넘기기 전에 임대료, 공과금, 관리비 정산을 정상적으로 처리했는지 서류를 통해 확인해야 한다. 보통 임대료는 잔금 집행일을 기준으로 일별 계산해 매도자와 매수자가 각자 청구하고 받는 것이 정석이다.

소유권 이전등기 : 건물주가 바뀌는 순간

소유권 이전등기, 즉 집문서의 주인이 바뀌는 절차가 진짜 마지막

관문이다. 잔금을 치른 후 필요한 서류를 받아 등기소에 소유권 이전등기를 접수하면 완료된다. 일반적으로 빌딩은 법무사에서 대행하는 경우가 많아 사전에 안내 받은 서류를 챙겨오면 문제가 없지만 체크리스트를 메모해두었다가 직접 확인하는 것이 좋다. 법무사는 잔금 집행일에 취득세를 납부한 후 납부영수증과 함께 등기소에서 소유권 이전을 신청하게 된다. 물론 매수자가 직접 등기를 하는 경우도 많지만 복잡하고 확실한 것이 좋다면 법무사에게 맡기는 게 좋다.

참고로 아래의 표는 57억 원짜리 빌딩의 소유권을 이전하면서 잔금 집행일에 매매 금액 외에 지출한 내역이다. 법무사에게 수임료로 지불한 280만 원을 제외한다면 본인이 직접 등기를 진행해도 적지 않은 금액이 필요하다. 취득세 납부 후 납부완납증과 함께 등기소에서 소유권 이전을 신청하게 된다.

▶잔금 집행일의 매매금액 외 지출 내역

매매가	5,700,000,000원
취득세(교육세 및 농특세 포함) 4.6%	262,200,000원
증지제증명	150,000원
인지대	350,000원
채권할인비용	3,100,000원
수수료	2,800,000원
부가세	280,000원
총합계	268,880,000원

채권할인이란 부동산을 등기할 때 의무적으로 매입해야 하는 국민주택채권을 말한다. 국채이다 보니 금리가 낮고 만기가 긴 편이다. 이 채권은 만기까지 가지고 있어도 되지만 보통 바로 팔아버리는 경우가 많다. 만기가 길고 금리가 낮은 채권을 바로 팔기 위해서는 가격을 깎을 수밖에 없는데 그래서 손해를 보고 팔게 된다. 그 손실을 채권할인비용이라고 한다. 거래 당시 시중금리에 따라 할인율이 달라진다.

제8단계 : 매입 후 처리

[3초 Summary]
1. 철저한 인수인계 : 시설물, 건물 관리인력, 정산 방법, 임대차 등 인수인계를 체크할 것.
2. 확실한 빌딩 관리 : 시설물 유지 및 보수는 향후 임대료 상승과도 직결된다는 점을 명심할 것.
3. 꼼꼼한 대출 관리 : 대출 만기 2개월 전부터 금리를 체크할 것.

이제 진짜 건물주 : 하지만 이제부터 시작

건물주가 되자마자 하는 생각은 대부분 비슷할 것이다. 임대료 잘 받아 잘 쓰겠다는 생각부터 할 것이다. 미안하지만 이제부터 시작이다. 당분간 인수인계를 잘 받았는지도 살펴야 하고, 대출을 포함한 자금 관리도 시작해야 한다. 이러한 점검이 빌딩의 가치 및 임대료 상승과 직결될 수 있기 때문에 매우 중요하다.

시간이 지나면 빌딩 가격이 고공행진을 할 것이라는 기대도 할 것이다. 하지만 빌딩의 가치는 알아서 저절로 올라가지 않는다. 위에서 언급한 것처럼 빌딩은 농부의 발자국 소리를 듣고 자라는 농작물과 같다. 건물주의 애정 어린 관리가 없다면 순식간에 콘크리트 덩어리로 전락하고 만다.

이제 정말 내 빌딩이므로 관리 부실이 없도록 꼼꼼하게 살피기 시작해야 한다. 관리가 부실하면 주변 시세보다 임대 수익이 떨어져 가치가 하락하는데 그치지 않는다. 잦은 시설물 유지보수 비용 등 예상치 못한 지출이 생기면서 오히려 내 돈을 더 써야 하는 상황이 발생하기도 한다.

(1) 인수인계

해당 건물에 대한 정보는 전 건물주가 가장 잘 파악하고 있다. 반드시 인수인계 과정을 통해 향후 건물 관리에 필요한 것들을 확인해야 한다.

∷ 시설물

관리소장 등 건물 관리의 주체, 건축물 도면, 설비작동법, 보안 및 미화 업무의 범위 및 절차, 주차 관리 시설 및 방법 등 전반적인 건물 정보를 체크하고 인수인계를 받아야 한다. 또한 개보수가 필요 부분은 인수인계를 마친 후 우선순위에 따라 작업을 진행해야 한다.

∷ 관리 인력

기존 인력 및 외주업체의 고용승계 여부, 신규 채용이 필요한 부분 등을 파악하고 결정해야 한다. 인력을 신규 채용으로 교체하고 싶다면 소유권 이전일 2~3주 전에 기존 건물주가 기존 인력의 해고를 진행해야 한다. 엘리베이터, 주차타워, 소방시설물 등 법적으로 안전관리 자격을 갖춘 외주업체가 관리해야 하는 시설물은 기존 업체가 현 건물의 시설물 이력을 잘 알고 있어 일단 승계하는 것이 좋다. 그 다음 6~12개월 정도 운용 후 교체 여부를 판단할 것을 권한다.

∷ 정산 방식

관리 비용의 청구는 건물마다 산정 방식과 범위가 달라 최근 1년 치 월별 청구 내역을 요청할 필요가 있다. 만약 정산 방식 변경을 원한다면 기존 방식을 유지한 후, 세부 순서에 따라 순차적으로 바꿔나가는 게 좋다.

∷ 임대차

소유권이전 등기 후 임차인 면담을 통해 임대인 변경에 관한 계약을 체결하게 된다. 보통은 기존의 계약에서 임대인의 명의만 변경하고 기존 내용은 그대로 이어가는 경우가 많다. 간혹 임차인이 기존 임대차계약서 내용에서 변경을 요청하는 경우도 적지 않다. 임대료를 깎아달라고 하거나 불편한 사항을 시정해달라는 요구 등이다. 이는 합리적인 선에서 협의하면 된다.

또한 임차인이 간이사업자인 경우에는 임대료와 함께 납부하는 부가세가 비용으로 처리되지 않아서 임대료 신고 내용에 들어가지 않는 무자료 거래계약일 때가 있다. 기존 건물주인 매도자와 오래 전부터 그렇게 거래해왔다며 부가세를 빼고 임대료를 입금하기도 한다. 이런 경우에도 건물주는 세금계산서를 발행하고 부가세를 포함한 임대료를 청구해야 한다. 임대료 신고는 거짓 없이 하는 게 좋다.

임차인과 이면 계약을 하고 임대료에 대한 소득 금액을 누락하는 경우가 있는데 이는 바람직하지 않다. 당장은 임차인과 관계가 좋을 수 있지만 금전으로 연결된 관계가 어떻게 변할지는 알 수 없다. 임차인이 그동안 누락된 것을 고발하면 임차인보다 임대인이 더 큰 낭패를 볼 수 있다. 임대 소득 신고는 제대로 해야 한다.

(2) 빌딩 관리

건물 내외부 균열, 보수공사 이력, 건축법 위반 여부, 주요 설비 점검 등 구체적인 건물 관련 이력은 계약일 전에 사전 답사를 통해 확인하고 계약을 한 후에 자세한 점검을 원한다면 빌딩관리 전문회사에 의뢰해 진단받는 사례도 많다. 빌딩관리 전문회사는 건물주가 해야 하는 임대차 관리, 시설 관리 등을 전반적으로 대행하고 정해진 관리용역비를 받는다. 자가 관리를 할 것인가? 아니면 위탁 관리를 할 것인가를 정하면 된다.

(3) 대출 관리

∷ 원리금 상환

빌딩을 매입할 때 받았던 금융권 대출의 원리금을 일부러 빨리 상환할 필요는 없다고 본다. 현재 금리 인상의 압박이 약해진 상태이고 3%대로 대출이 가능하다면 저금리 시장의 이점인 레버리지 효과를 최대한 이용해야 한다. 금융권의 자금을 되도록 많이 활용하되 금융 리스크를 걱정하는 매수자라면 대부 비율을 50%로 정하는 것이 적절하다. 이런 경우는 대부분 담보권 내의 대출일 때가 많고 향후 금융권의 변화에 대응하기가 수월하다.

임대사업자대출은 대출 기간을 3년 이하로 설정하는 단기 대출이다.

담보권 내의 대출일 경우에는 이자만 상환한다. 원금은 대출 만기가 되었을 때 연장하거나 다른 은행으로 갈아타기도 한다. 빌딩 투자의 또 다른 매력인 레버리지 효과를 보기 위해서다. 최소투입비용으로 최대의 효과를 보는 것이 저금리 시대에 특히 중요한 투자 전략이다.

하지만 빌딩을 매입하다 보면 대출이 더 필요할 때가 있다. 그래서 신용등급을 평가해 담보권 대출보다 더 차용하는 경우가 있다. 이게 신용대출이다. RTI시행 이후 신용대출 부분에 해당하는 대출 금액의 10%씩을 매년 갚아나가야 한다. 대출은 가능하지만 원금의 일부와 이자를 같이 갚는 원리금 대출상환으로 대출의 모양새가 바뀌는 것이다. 대출의 건전성을 높이기 위해서는 필요한 규정인 것 같다. 하지만 건물주 입장에서는 수익을 최대한으로 끌어올리기에는 걸림돌이 되는 규정이라서 아쉬운 것이 사실이다.

∷ 만기 전 관리

대출 만기 2개월 전부터 대출 금리를 체크하고 연장 여부 및 금리에 대한 협의를 해야 한다. 기존 대출 은행 외에 다른 은행들과 금리를 비교하는 것이 필수이지만 혼자 하기 어렵다면 전문 컨설턴트에게 의뢰하는 게 좋다. 각 은행의 사정이 다르고 각 지점의 사정이 다르기 때문에 여러 은행을 체크해서 최적의 조건을 찾아야 한다.

제9단계 : 임대 및 재계약 요령

[3초 Summary]
1. 임대료 : 장기적인 안목으로 적절하게 책정할 것.
2. 빌딩 수리 : 임차인이 사용하는 전용 공간은 임차인이, 공용 공간은 건물주가 하는 것이 원칙.
3. 재계약 : 계약이 끝나기 최소 6개월 전부터 임대료 인상 및 연장 계약에 대한 판단이 필요.

임대인과 임차인은 갑과 을이 아닌 윈윈 관계

빌딩을 임대하는 과정은 물론이고 보유 기간 및 재계약을 추진할 때도 신경 쓸 일이 많다. 실제 건물주가 되어 빌딩을 관리하다 보면 임대료 인상이나 건물 수리에 관한 협의 등 임차인과 직접적으로 부딪혀야 하는 일들이 생각보다 많다. 정부가 상가건물임대차보호법 등 임대료 인상에 대해 법적으로 가이드라인을 만들어두기는 했지만 아무래도 돈에 관한 문제이다 보니 껄끄러운 것이 사실이다.

이럴 때는 건물주가 직접 임차인과 협의하는 것보다 제3자의 도움을 받는 것이 서로 감정싸움을 줄이고 원만한 해결안을 찾기 쉽다. 다음은 임차 관계, 재계약 요령 등에 대한 설명이다.

(1) 임차 관계

임차인과의 관계에서 가장 중요한 것은 두 가지다. 바로 임대료와 건물 수리에 따른 책임의 범위다.

:: 임대료

우선적으로 주변 상권의 시세에 맞추어 적절하게 정하는 것이 바람직하다. 지나친 임대료 책정은 당장은 임대 수익을 높일 수 있겠지만 임대료에 치여서 폐업하는 임차인이 생겨날 수 있다. 이는 임차인이 자주 바뀌어 빌딩의 이미지를 실추시킨다. 오랜 시간 꾸준히 영업할 수 있는 임차인을 찾는 것이 임대인의 입장에서도 좋다. 임대업의 기본은 공실 기간을 줄이는 것이다. 높은 임대료를 받는 것보다 더 중요하다.

반대로 장기간 같은 임대료를 유지해도 문제가 될 수 있다. 예를 들어, 간혹 임차인과의 인간적 관계 때문에 임대료를 올리지 못하는 건물주도 있고, 공실보다는 현상 유지가 좋다고 판단해 장기간 임대료 인상 없이 유지하는 건물주도 있다. 결론적으로, 장기적인 안목으로 적절하게 임대료를 책정하는 것이 중요하다.

:: 건물 수리

임차인이 사용하는 전용 공간에 관한 수리는 임차인이, 공용 공간의 수리는 건물주가 하는 게 원칙이다. 원칙은 그렇지만 수리의 범위가 커지면 상식선에서 해결하기도 하고, 임대료 인상을 비롯해 대안을 통해 결정하는 운영의 묘도 필요하다.

(2) 재계약

::임대료 인상

최근 사회적 문제가 되고 있는 젠트리피케이션 현상을 주목할 필요가 있다. 예를 들어, 어떤 골목이 핫플레이스로 등극한 이유를 잘 따져보면 특정 매장 한 곳 때문인 경우가 많다. 그 매장 하나로 인해 인기 매장들이 줄지어 들어서면서 거리가 유명해진 것인데 임대료 상승으로 하나둘씩 거리를 떠나기 시작하면 사람들의 발길이 하루아침에 뚝 끊어지고는 한다. 그 다음부터는 도미노 현상처럼 악순환이 시작된다.

인기 매장이 떠나면서 공실이 늘어난다. 그나마 남은 매장들은 손님이 없어 매출이 줄어들자 고정비를 낮추기 위해 인건비와 식재료를 아끼게 된다. 그 다음은 손님들의 불만과 악평이 쏟아진다. 상권이 죽어서 건물의 가치가 떨어지는 것은 한순간이다.

공실이 생기면 건물주도 손해인만큼 임대료를 올려도 서로 납득할 수준에서 조정해야 한다. 그래야 서로 윈윈하고 오래갈 수 있다. "임차인은 널렸어!"라고 생각하면 곤란하다. 어떤 임차인이 들어올지 알 수 없고, 상권이 죽었다고 소문이 나면 공실이 오래갈 수도 있다.

참고로 2019년 4월 2일부터 시행된 상가건물임대차보호법은 서울의 경우 환산보증금이 9억 원 이하(부산 및 수도권과밀억제권역의 경우 6억9,000만 원 이내)일 때만 해당되고, 그 이상이라면 민법의 적용을 받게 된다. 환산보증금이 기존 6억1,000만 원에서 9억 원으로 상향조정되면서 기업형 브랜드, 프랜차이즈 등 중대형 상가도 보호권 안에 들게 되었다. 대한민국 전체 상가의 95% 정도가 포함되므로 거의 대부분의 상가임차인이 법의 보호를 받는다고 보아도 틀림이 없다.

참고로 환산보증금이란 [보증금+(월세×100)]의 방식으로 계산한다. 예를 들어, 보증금이 3억 원이고 월세가 500만 원이라면 [300,000,000+(5,000,000)×100]으로 8억 원이 된다. 9억 원 이하이기 때문에 임차인은 보호대상이 되는 것이다.

보호 규정은 대항력, 임대료 인상률 5% 제한, 우선변제권, 월차임 전환 시 산정률 제한 등이 있다. 최근에는 임차인의 지위가 많이 상승한 게 사실이다. 임대 기간이 지났는데 쌍방 임대차에 대한 이야기가 없다면 임대차 조건은 동일한 내용으로 1년간 자동으로 연장된다. 이를 법정갱신이라고 한다. 그리고 계약갱신 요구권(10년), 권리금 회수 보호는 모든 임차인에게 적용되는 규정이다.

과거의 계약갱신 요구권은 최초의 임대차 기간을 포함한 전체 기간이 5년을 초과하지 않는 범위에서만 행사할 수 있었는데, 법이 개정되면서 10년을 초과하지 않는 범위로 변경되었다.

임차인의 권리금 보호 기간도 예전과 달라졌다. 과거의 규정은 "임대인은 임대차 기간이 끝나기 3개월 전부터 임대차 종료 시까지 임차인이 주선한 신규 임차인이 되려는 자로부터 권리금을 지급받는 것을 방해해선 안 된다"였는데, 그 기간이 6개월 전부터로 변경되었다.

또한 대법원 판례로 계약갱신요구 기간이 다한 임차인이 임대차를 종결하면서 권리금회수방해를 이유로 임대인에게 손해배상청구를 진행한 건이 있었다. 대법원에서 임차인의 손을 들어줌에 따라 권리금 청구는 계약갱신 요구권과 상관없이 임차인의 권리로 굳어졌다.

∷ 재계약 절차

임대료 인상 등의 재계약 추진은 임대차 계약만료 최소 3개월 전부터 협의하는 것이 바람직하다. 주변 임대료를 분석해 적절한 임대료 인상 폭을 정하고 재계약 여부를 판단하면 된다.

만일 리모델링이나 신축 계획이 있다면 임차인에게 사전에 고지를하고 임대차계약서에 명시해야 한다. 상가임대차보호법이 강화되면서 재건축에 따른 명도를 요구할 때는 계약체결 전에 고지하고 임대차계약서에 명시하도록 되었다.

제10단계 : 빌딩 갈아타기

[3초 Summary]
1. 빌딩 매도시점
   : 3년 이상 보유한 후 장기보유 공제가 적용될 때.
   : 적절한 매도 조건을 갖춘 매입자가 나타났을 때.
   : 대출이 어느 정도 상환된 후 기존 빌딩의 담보가액이 증가하는 시점에 추가 빌딩 매입.
2. 매입 시 투입비용+매각 시 양도소득세 등을 고려한 후 신규 빌딩 매입자금 계획을 세울 것.
3. 매각 시점과 매각 후 갈아탈 만한 빌딩을 찾는 작업을 동시에 진행할 것.

언제 어떻게 빌딩을 갈아탈 것인가?

건물주가 된 후 어느 정도 시간이 지나면 매도할 의사를 묻는 부동산의 전화를 받게 될 것이다. 만일 시세보다 높게 준다는 매입자가 나타났다면 무조건 팔아야 할까? 물론 당장의 시세 차익을 생각한다면 고려해볼 수 있겠지만 그 전에 반드시 주변 상권의 시세나 개발 호재 등의 상황을 살펴본 후 향후 더 오를 가능성이 있는지를 판단해야 한다. 또한 빌딩을 매각한 후 적절한 신규 빌딩을 다시 매입할 수 있는지도 판단해야 한다.

빌딩 갈아타기는 잘하면 더 좋은 빌딩을 살 수 있는 기회가 되겠지만 적절한 시기에 적절한 가격으로 매도를 하지 못한다면 자칫 땅을 치고 후회를 하는 일이 발생할 수도 있다.

(1) 매도 시점 및 양도소득세

빌딩 갈아타기는 크게 2가지 시점에 따라 고려할 수 있다.

첫째, 3년 이상 보유해 장기보유 공제가 적용되는 시점, 임대 관리를 통해 적절한 수익이 맞춰지는 시점이다.

후자는 공격적인 매수자에게 추천하고 싶은 경우이다. 기존 빌딩의 담보가액이 올랐다는 가정하에 기존 빌딩에서 추가대출을 받고, 매입하는 빌딩에서 매입 자금으로 대출을 받으면서 두 번째 빌딩을 매입하는 것이다. 매입 전후를 비교하면 자본은 그대로인데 자산과 부채는 커지게 된다. 빌딩 가격이 오른다고 예상되는 시기에는 공격적인 투자로 자산을 크게 불리는 것도 필요하다는 게 필자의 생각이다.

빌딩을 갈아탈 때 미리 확인해야 하는 것이 양도소득세다. 가격이 오른 만큼 시세 차익에 대한 세금은 무조건 내야 하는데, 매입한 후 3년이 지난 시점부터는 6%의 장기보유공제를 적용받을 수 있다. 3년부터 매년 2%씩 인상되어 최대 15년일 때 30%까지 공제를 받을 수 있다. 15년 이상 보유해도 30% 적용을 받는 것은 같다.

(2) 자금 확인하기

기존 빌딩을 매각한 금액과 매입할 빌딩의 가격만 비교한 후 빌딩 갈아타기를 계획한다면 곤란하다. 매각할 때 실제 납부해야 할 세금과 매입할 때 지출 등으로 인해 비슷한 규모의 빌딩이나 더 작은 규모의 빌딩을 사야 하는 불상사가 생길 수도 있다.

(3) 갈아탈 빌딩 찾기

기존 빌딩은 시세 차익을 통해 좋은 조건으로 팔았지만 다시 매입할 빌딩을 찾는 것도 쉬운 일은 아니다. 곧바로 조건에 맞는 빌딩을 찾기도 어려울뿐더러 내 빌딩의 가격이 오른 만큼 다른 빌딩들의 가격도 올랐을 가능성이 높기 때문이다. "일단 팔고 나서 천천히 생각해야지"라는 사고방식으로 접근하면 매우 곤란하다. 반드시 매각과 함께 매각 후 갈아탈 만한 좋은 조건의 매물을 찾는 작업을 동시에 진행하는 게 바람직하다.

Part3

·

빌딩으로 돈 버는 방법①

지역적 상승 요인

빌딩이란 건축물과 땅을 통틀어 이르는 말이다. 즉, 두 곳에서 모두 수익이 발생한다. 간단히 설명하면 건축물에서 임대 수익을 얻고, 토지에서 자본 수익을 얻게 된다. 임대 수익이란 월세를 말하고, 자본 수익이란 지가 상승으로 얻게 되는 양도 차익을 말하는데 이 둘을 합친 것이 바로 빌딩의 투자 수익이다.

투자 수익은 다시 개별적 상승 요인과 지역적 상승 요인으로 극대화되고 요구 수익을 달성하게 된다. 빌딩의 요구 수익을 비율로 대략 구분하면 유형자산인 토지에서 발생되는 자본 수익(지역적 요인)이 50%, 건축물에서 발생되는 임대 수익(개별적 요인)이 30%, 사전증여를 통한 세테크 10%, 대출 등으로 얻는 레버리지 효과 10%, 무난한 계약을 전제로 한 기본값 0% 등으로 구성된다.

Part3에서 다룰 지역적 상승 요인이란 인근에 지하철역이나 공원이 들어서는 등 지역의 지속적인 변화로 임차인이 바뀌고, 그 결과로 임대료 상승 및 추격 매수가 이어지면서 가격이 상승하는 경우를 말한다. 자신의 노력과 상관없이 주변 상권이 활성화되어 지가 상승이 이루어지는 것이다.

사실 명동처럼 A급 지역에 위치한 빌딩은 개별적 상승을 기대하지 않아도 된다. 양도 차익의 거의 대부분이 지역적 상승을 통해서 발생한다고 해도 과언이 아니기 때문이다. 노력과 상관이 없다고 표현했지만, 상권 분석 등의 노력을 기울여 오를 만한 요소가 있는 땅을 매입하지 않으면 투자에 성공할 수가 없다. 과거와 현재를 기반으로 미래를 전망하고 효율적인 투자를 해야 한다.

인근에 지하철역이나 공원이 생겨 개발 호재가 있는 지역, 주변에 아파트가 들어서거나 재건축되면서 배후 세대가 많아지는 지역, 타 지역과 차별화된 특색이 있는 지역, 외국인들이 관광 코스로 많이 다니는 지역 등을 사놓고 기다리면 주변 상권이 활성화되면서 땅값이 올라간다. Part3에서는 그 이유와 매입 전략에 대해 설명하겠다.

뒤이어 Part4에서는 개별적 상승 요인을 다룰 예정이다. 개별적 상승 요인이란 리모델링, 신축, 증개축, 용도변경 등으로 건축물이 물리적으로 개선되어 임차인이 바뀌고, 그 결과로 임대료 상승 및 추격 매수가 이어지면서 빌딩의 가치가 상승하는 경우를 말한다. 이 두 가지 상승 요인들이 적절히 작용하면서 투자자의 요구 수익을 채우게 된다. 당연히 추격 매수도 생기면서 지가는 더 올라간다.

상권도
생로병사를 겪는다

근생상권의 흥망성쇠 5단계

부동산 가격을 결정하는 중요한 요소인 지역적 상승 요인을 이야기하려면 우선 상권의 개념부터 정립해야 한다. 상권(商圈)이란 상업상의 세력이 미치는 범위, 즉 거래가 이루어지는 공간적인 범위를 말한다. 고객을 끌어당길 수 있는 상점의 흡입력과 고객이 그 상점을 찾아가는 이동 거리의 한계가 만나는 교집합에 상권이 생긴다.

예를 들어 지하철 노선의 확장으로 천안에서 서울에 있는 병원에 내원하는 사람들이 생겨났다. 심지어 KTX가 개통되어 서울에 있는 맛집을 순례하는 부산 시민들도 생겨났다. 교통의 발달로 서울에 있는 상점의 흡입력이 커진 것이다. 과장된 예라고 생각하는 독자들도 있겠지만 엄연한 현실이다.

거꾸로 부산에 있는 고객의 입장에서 본다면 KTX가 생기면서 이동한계 거리가 늘어난 것이다. 고객의 이동한계 거리는 실제 거리보다는 심리적인 개념이 더 강하다. 한류 열풍을 타고 지구 반대편에서 한국을 방문하는 외국인들도 한류에 대한 관심도가 높아지면서 심리적인 거리가 가까워졌기 때문이다. 교통의 발달로 상점의 흡입력과 고객의 이동한계 거리가 커지면서 상권이 확장된 예라고 할 수 있다.

고객을 유인해서 수익을 창출해내는 임차인들이 모여 상권이 형성되는 과정을 필자는 5단계로 분류했다. 발생, 성장, 확장, 성숙, 쇠퇴로 이어지는 각 단계별로 적정 임대료와 매매가격을 정한다면 어이없는 투자로 낭패를 보지는 않을 것이다.

다음은 상권 형성의 5단계 과정이다.

(1) 발생 단계

미성숙지에서 상권이 꿈틀거리면서 만들어지는 단계다. 대부분 주거 시설을 근생시설로 용도변경을 하면서 자기만의 특색을 내세우는 꼬마상권이 만들어지는 단계이다. 이 단계가 시작되는 요인으로는 다음과 같은 경우들이 있다.

첫째, 가장 흔한 상권 발생의 요인은 교통의 발달이다. 예를 들면 지하철 개통이다. 전통적으로 교통 발달은 상권이 발생하는 가장 큰 요인으로 작용해왔다.

하지만 요즘 서울 같은 경우에는 지하철역이 너무 많아 예전 같은 파괴력은 없다. 또한 역 개통은 계획을 발표하고 나서 10~15년이라는 긴 시간이 지나야 실질적인 혜택을 보게 된다. 심지어 발표한 후 아무런 변화도 없이 지가만 올려놓는다는 부작용도 논란이 되고 있다. 이러한 여러 가지 이유로 예전보다는 못하지만 지하철 개통은 여전히 상권 형성의 가장 큰 요인이다. 변화의 움직임이 눈에 띄고 누구나 예측할 수 있는 까닭이다.

둘째, 도보로 이동이 가능한 거리에 큰 상권이 있거나 오래되어 쇠퇴기에 접어든 상권이 있는 지역 주변은 신흥 상권이 생기기 쉽다. 걸어서 대략 10분 정도 거리에 새로운 분위기의 상점들이 등장해 유동 인구를 끌어당긴다. 도보 10분 이내의 새로운 상권은 고객의 이동한계 거리 내에 있다고 할 수 있다.

예를 들면 단골이 형성된 임차인의 경우 기존 큰 상권에 형성된 높은 임대료를 피해 주변으로 이동한다. 고객을 유인할 자신감이 있기 때문이다. 혹은 젊은 사장들이 트렌드에 맞는 작은 가게를 기존 상권 주변에 오픈하면서 신흥 상권을 만들어가기도 한다. 누군가 먼저 자리를 잘 잡으면 그 뒤를 이어 새 임차인들이 유입되면서 새로운 상권이 생기기 시작하는 것이다.

과거에는 상권이 생기기도 어려웠고 한번 생긴 상권은 쉽게 사라지지도 않았다. 하지만 스마트폰이 보급되면서 정보가 넘쳐나는 지금, 상권이 쉽게 생겼다가 쉽게 쇠퇴하는 일이 흔해졌다.

이제 고객들은 스마트폰에 설치된 내비게이션 앱을 이용해 골목 구석구석까지 쉽게 맛집을 찾아갈 수 있게 되었다. 교통 발달로 심리적 거리감도 가까워지면서 이른바 고객의 이동한계 거리가 늘어난 것이다.

또한 고객들은 상점에 방문하는 즉시 개인 SNS 채널에 후기를 올리고는 하는데 그 파장이 상상을 초월한다. 실시간 미디어(방송, SNS 등) 노출을 통해 상점의 흡입력이 커진 것이다. 최근 골목상권이 많이 생기는 것과 맥락을 같이 하는 현상이다. 참고로 뉴트로의 유행으로 다양한 형태의 신흥 상권이 골목마다 생겨나고 있는 것도 이와 무관하지 않다.

셋째, 낡은 아파트가 재건축이 되고 입주가 시작되면서 생겨나는 상권도 있다. 요즘은 중층 아파트를 재건축하기 때문에 세대수가 크게 늘어나지는 않는다. 조금 늘거나 비슷한 세대수로 재건축되는 사례가 많다. 그런데 신흥 상권이 생기는 이유는 무얼까?

새 아파트에 거주하는 사람들의 소비 수준이 예전과는 다르기 때문이다. 낡은 아파트는 집주인보다 세입자의 비율이 높고 주거유지비용(전세, 월세)이 비교적 낮은 편이다. 하지만 새 아파트로 재건축되면 집주인의 실거주비율이 높아진다. 그리고 세입자라고 하더라도 높은 주거유지비용을 물고 임차한 고소득자들인 경우가 많다. 이런 현상을 배후 세대가 상향 여과되었다고 한다. 당연히 그들의 높은 소비력은 주변 임차인들의 영업에 큰 영향을 준다. 자연스럽게 장사가 잘 되고 그걸 보고 신규 임차인들이 몰리면서 임대료가 올라가게 되는 것이다.

단, 아파트는 여전히 정부의 정책 리스크가 있다. 재건축을 해야 하는데 여러 정치적 이슈로 연기되는 경우가 많다. 만일 재건축 후의 상권 형성을 바라고 매입한 빌딩 투자라면 장기간 발목이 묶일 수도 있다. 수익이 같을 때는 수익을 달성하는 시간이 짧아야 성공한 투자라고 할 수 있다. 정책의 변화로 발이 묶이게 되면 투자에 실패할 수도 있다는 것을 염두에 두어야 한다.

넷째, 공원 등 녹지 공간의 조성, 즉 숲세권도 신흥 상권을 만드는 요인으로 작용한다. 주5일 근무로 주말에 여가를 즐기는 것이 보편화되면서 많은 사람들이 공원을 찾는다. 젊은 연인부터 가족단위, 친구단위의 모임까지 연령층도 다양하다. 자연스레 공원 주변은 활기를 띠고 신흥 상권이 형성된다.

이런 변화를 빠르게 눈치 챈 투자자들이 이 지역의 단독주택, 다가구주택 등을 매입한다. 주거 시설은 주택임대차보호법이 있어 임차인들이 편하게 거주할 수 있도록 보장해주지만 상가임대차보호법처럼 계약 갱신요구권 또는 권리금보호규정이 없어서 근생시설보다 명도가 쉽다. 매입 및 명도를 한 투자자는 보통 저층부를 근생시설로 용도를 변경해서 트렌드 맛집을 입점시킨다.

또한 이러한 미성숙 지역에는 반지하가 있는 다가구주택이 많다. 다가구주택의 반지하를 도로에서 바로 들어갈 수 있도록 하면 1층에 비해 접근성이 크게 떨어지지 않는다. 접근성이 1층과 다를 게 없어 임대료도 1층과 비슷하게 받을 수 있다.

이럴 때 보통 용도변경은 반지하층과 1층만 한다. 공사 기간 및 공사비가 적게 들어 초기 투자금이 적어도 가능하기 때문이다. 상권이 본격적으로 성장하기 전이라서 큰 돈을 투입하는 투자자는 별로 없다. 저층부만 용도를 변경해서 트렌드에 맞는 맛집을 입점시킨 다음 상권을 스스로 만들어가는 것도 현명한 투자라고 할 수 있다.

필자는 위와 같은 변화를 상권 발생 단계의 지역적 상승 요인이라고 말한다. 이러한 변화가 많으면 많을수록 그 지역은 지가가 상승할 가능성이 높다고 볼 수 있다.

▶근생상권의 발생 단계

주변 지역의 변화	변화에 대한 설명
교통의 발달 및 계획	지하철역 개통, 도로 확장, 터널 개통, 고속화도로 개통 등 교통이 좋아진다. 교통이야말로 상권 조성의 가장 중요한 요소라고 할 수 있다.
인근 상권에서 고객 유입	도보로 10분 정도 이동 가능한 곳에 생겨난 새로운 분위기의 상점은 고객의 한계이동 거리 안에 있다. 또한 쇠퇴기에 접어든 상권의 주변으로 신흥 상권이 조성되기 쉽다.
임차인 유입	저렴한 임대료를 찾아 임차인이 유입되기 시작한다.
배후 세대의 업그레이드	재개발, 재건축으로 배후 세대에 상향여과가 일어난다. 소비력 높은 배후 세대의 도움으로 상권이 생겨난다.
공원 등 녹지 공간의 조성	주5일 근무와 워라밸 등 여가시간을 활용하는 젊은층이 모이면서 상권이 생겨난다.
용도변경이 수월한 부동산부터 매매되기 시작	주거시설이 용도변경을 통해 트렌드 맛집으로 변화되기 시작한다.
전형적인 임차업종	1층은 트렌디한 맛집, 2층은 기존 임차인들이 주택으로 사용하거나 사무실이 입주하게 된다.
도보에서 자가운전으로 유입의 방법이 확대	옆 동네 인구가 유입되기 시작한다.

성장할 가능성이 있는 미성숙지의 매물을 매입하는 이유는 발생 단계를 거쳐 상권이 좋아진 후에 되팔 때 발생하게 될 양도 차익을 기대하기 때문이다. 이때 매입가는 대지 3.3m²당 3천만 원 이내 수준이어야 한다. 이를 초과하더라도 실패한 투자는 아니지만 초과한 만큼 향후 매도할 때 양도 차익이 줄어든다고 보면 된다. 지역마다 약간의 차이는 있겠지만 그 정도 선에서 매입한 후 임차인을 바꾸어야 된다.

건물주는 발생 단계의 변화를 통해 개선된 건축물의 1층에 입점하는 새 임차인의 임대료를 3.3m²당 10만 원까지 올려놓아야 한다. 그래야 발생 단계의 다음인 성장 단계의 변화를 보일 때 추격 매수를 하려는 매수자에게 대지 3.3m²당 6천만 원 이내에서 팔 수 있다. 아니면 임대 조건을 더 개선한 후 더 높은 양도 차익을 기대하기 위해 기다릴 것인지를 판단해야 한다.

이는 투자자의 성향이므로 필자가 조언할 내용은 아니다. 발생 단계에서 성장 단계로 발전하지 못하고 성장이 멈추거나 주저앉는 상권도 많기 때문이다. 항상 최종 결정은 투자자 본인이 해야 한다. 물론 매도자와 매수자의 상황에 따라 금액은 조금씩 다를 수 있다. 그래도 이 정도 엑시트 플랜(Exit plan)을 세우고 상황 변화에 대처해야 투자에 성공할 수 있다. 이제 무작정 잘되기만을 기다리는 시대는 지나갔다.

이태원 경리단길, 서울대 샤로수길, 망원동 망리단길, 연남동 연트럴파크 등 수많은 신흥 상권들이 이런 과정을 거치면서 서서히 발생 단계에서 성장 단계로 업그레이드된 곳들이다.

(2) 성장 단계

어느 정도 발생 단계가 지속되면 성장 단계에서 볼 수 있는 몇 가지 변화가 나타난다.

첫째, 성장 단계의 가장 큰 특징은 눈에 띄게 늘어나는 미디어 노출 횟수이다. 그 결과 유입 인구가 늘어나고 후속 임차인들의 유입도 본격화되는 시기가 바로 성장 단계이다.

요즘은 미디어의 파워가 웬만한 지하철역 개통보다 크다. 지하철역 개통은 계획 발표부터 10~15년이라는 긴 시간이 필요하지만 미디어의 고객유인 능력은 몇 달이면 된다. 지하철역 개통과 같은 흡입력을 몇 달이라는 짧은 시간 안에 상권에 부여하는 막강한 영향력이 있다.

상권이 성장 단계에 접어들면 포털 사이트에서 해당 지역을 검색했을 때 블로그 리뷰는 물론이고 페이스북, 인스타그램 등 SNS 미디어에 그 지역의 사진이 도배되어 있는 경우가 많다. 예쁜 사진과 함께 게재된 세세한 후기들은 인터넷 검색 결과를 신뢰하는 20~30대, 특히 미혼 여성들의 유입을 급속도로 증가시키는 계기가 된다. 이 계층의 유입은 아주 중요한 포인트이다.

필자는 윈빌딩 직원들을 교육하면서 "상권의 성장을 예측하려면 지나가는 사람들을 보라"는 이야기를 많이 한다. 그 지역으로 유입되는 사람들의 성별, 나이 등을 파악하면 더 성장할 곳인지 아닌지를 어느 정도 예측할 수 있기 때문이다.

기본적으로 근생상권을 만들고 키우는 사람은 남성보다 여성이다. 남성보다 여성이 유행에 민감한 까닭이다. 또한 기혼자보다는 미혼이, 40~50대보다는 20~30대가 상권을 키운다. 이 부분에 대해서는 다음에 자세히 설명할 계획이다.

둘째, 특색 있는 상권으로 자리매김을 해야 성장 단계에 들어섰다고 할 수 있다. 남과 같아서는 성공할 수 없는 것처럼 상권 역시 독특한 색깔이 없으면 크게 성장할 수 없다.

만일 인근에 이미 커다란 상권이 있다면 테마가 달라야 성장 단계에 안착할 수 있다. 큰 상권의 인근에 위치한 상권인데 크기도 작고 테마도 비슷하다면 보통 성장 단계에서 멈추는 경우가 많다. 유동 인구가 큰 상권 쪽으로 몰릴 가능성이 높기 때문이다. 사람들의 심리는 비슷하다. 집 앞의 구멍가게를 지나쳐서 인근의 큰 슈퍼마켓을 찾는 것처럼 비슷한 거리에 같은 테마를 가진 상권이 있다면 작은 상권을 지나쳐 더 큰 상권을 찾아가게 마련이다. 특색 있는 테마의 상권이어야 주변의 큰 상권으로 유동 인구가 쏠리는 현상을 막을 수 있다.

참고로 발생 단계에서는 걸어서 10분 안에 갈 수 있는 옆 동네까지가 고객의 이동한계 거리라면 성장 단계에서는 30분 정도까지가 이동한계 거리가 된다. 걸어서도 갈 수 있는 거리지만 30분 이상이면 자가용을 이용하는 사람이 적지 않다. 따라서 상권의 성장을 위해서는 주차 공간이 꼭 필요하다는 점을 명심할 필요가 있다. 그래야 먼 거리에서 오는 사람들의 유입도 기대할 수 있기 때문이다.

고객 유입은 면적에 비례하고 거리에 반비례한다. 사람들은 이동 거리가 비슷하고 테마가 같다면 더 큰 상권을 찾아가는 경향이 있다는 점을 알아둘 필요가 있다.

셋째, 리모델링을 주목할 필요가 있다. 상권이 성장 단계에 들어서면 미디어의 영향으로 유입 인구가 급속도로 증가하게 된다. 고객을 수용할 상점이 부족해지면 어떻게 해야 할까? 임차인들이 서로 입점하겠다고 줄을 서는데 기존 빌딩이 작고 협소하면 어떻게 해야 할까?

이러한 이유로 성장 단계에 있는 상권에서는 리모델링을 하거나 신축을 하는 공사 현장을 쉽게 볼 수 있다. 참고로 공사가 한창인 빌딩의 등기를 확인하면 대부분 외지인이 매입한 경우가 많다. 외지인들은 공사 기간과 공사비가 적게 드는 리모델링으로 개선될 수 있는 매물부터 매입한다. 이어서 후속 외지인들이 신축을 위한 매물을 매입한다.

이 과정에서 종종 젠트리피케이션 문제가 발생하고는 한다. 리모델링과 신축 과정에서 기존 임차인이 내몰리고, 공사가 완료된 후에는 새로운 임차인이 유입되면서 주변의 임대료가 조금씩 올라가기 시작한다. 결국 남아있던 임차인들마저 임대료 상승을 견디지 못하고 떠나버리고 마는 것이 젠트리피케이션이다. 이는 비단 임대료 상승만의 문제는 아니다. 리모델링 및 신축을 통해 새롭게 태어났다고는 하지만 기존 상권의 특색 있는 분위기는 사라지고 여느 상권과 비슷한 형태의 빌딩들이 들어서면서 원주민들이 떠나게 된다.

이처럼 발생 단계의 상권에는 다가구 및 단독주택의 용도변경으로 새로운 임차인이 유입되지만 성장 단계에서는 리모델링과 신축을 통해 새로운 임차인이 유입된다. 그리고 몇 가지 변화가 시작된다.

성장 단계에서는 1층을 차지하고 있던 기존의 트렌드 맛집이 임대료가 저렴한 2층으로 자리를 옮긴다. 대신 1층은 높아진 임대료를 감당할 수 있는 업종들이 입점하는데 트렌드 맛집보다는 주로 마진율이 높은 프랜차이즈, 카페, 보세의류숍 등이다.

트렌드 맛집은 아무리 작더라도 주방, 테이블, 테이블 사이의 공간 등 꼭 필요한 면적이 있다. 카페나 보세의류숍보다 더 넓은 기본 면적이 필요한 것이다. 판매가와 판매량을 비교해도 트렌드 맛집이 낮을 수밖에 없다. 그래서 트렌드 맛집→프랜차이즈 음식점→카페→보세의류숍→액세서리숍 순으로 마진율은 높아진다. 빌딩 1층에 액세서리숍이 많

▶근생상권의 성장 단계

주변 지역의 변화	변화에 대한 설명
후속 임차인의 유입 본격화	미디어 노출 횟수가 많아지면서 유입 인구가 늘고 후속 임차인들이 유입도 본격화된다.
인터넷 검색 결과를 신뢰하는 20~30대, 특히 미혼 여성들의 유입 증가	상권의 급속한 성장에 큰 영향을 끼치는 요인이다.
인근 큰 상권과 차별화된 테마의 상권	큰 상권의 인근에 위치한 상권인데 크기도 작고 테마도 비슷하다면 고객들은 큰 상권 쪽으로 이동할 확률이 높다. 특색 있는 테마의 상권이어야 주변의 큰 상권으로 유동인구가 쏠리는 현상을 막을 수 있다.
리모델링, 신축 등 공사 현장 많아짐	미디어의 영향으로 유입 인구가 급속도로 증가하게 되면서 이를 수용할 상점, 빌딩을 추가로 만들기 위한 공사 현장이 많아진다.
꼬마빌딩 매매가 본격화	공사 기간과 공사비가 적게 드는 리모델링으로 개선될 수 있는 매물부터 거래되고, 그 다음 신축을 위한 매물이 거래된다.
젠트리피케이션	상권 고유의 특색이 없어지고 높아지는 임대료에 밀려 원주민이 떠나기 시작한다.
성장 단계의 임차업종	기존의 트렌디한 맛집은 임대료가 낮은 2층으로 이동하고 대신 1층은 프랜차이즈 업종, 카페, 보세의류숍 등이 입점한다. 3층은 사무실, 4층 이상은 사무실 또는 원룸 등의 주택으로 사용되곤 한다.
외지인 유입 본격화	자가용이나 대중교통을 통해 유입되는 외지인이 많아지면서 공용 및 유료 주차장이 필요하게 된다. 주차가 불편할 경우 상권 성장이 멈출 수 있다.

은 이유도 바로 이 때문이다.

성장 단계는 꼬마빌딩의 거래가 본격화되는 시기라고 할 수 있다. 뜨는 상권의 빌딩을 매입해서 양도 차익을 보려면 적어도 발생 단계에 매입해서 성장 단계나 확장 단계에서 팔아야 한다. 따라서 성장 단계에서는 매수자가 매도자보다 많아져 매도 우위 시장으로 바뀐다. 이러면 매수자끼리 매입 단계부터 경쟁이 치열해진다. 리모델링과 신축으로 빌딩을 새롭게 탈바꿈시킨 건물주는 새 빌딩에 입점하는 임차인의 임대료를 1층 기준 3.3m²당 15만 원까지는 만들어놓아야 한다. 그래야 매매가를 대지 3.3m²당 9천만 원까지 받을 수 있다. 발생 단계에서 성장 단계로 상권이 커지게 되면 대지 3.3m²당 6천만 원 정도 수준이고, 성장 단계에서 확장 단계로 넘어갈 때는 9천만 원 수준이 된다. 더 나아가 확장 단계에서 성숙 단계로 넘어갈 때는 1억5천만 원까지 올라갈 수 있다.

각 단계에서 보이는 변화에 따라 매입을 검토하는 빌딩의 가격과 비교해본다면, 적정가격을 추정할 수 있어 대략적인 금액을 제안해본 것이다. 하지만 빌딩은 지역별, 물건별로 가격차이가 큰 재화이므로 위의 추정가를 맹신해서는 안 된다.

현재 건물을 보유하고 있는 건물주는 임차인이 임대료에 보이는 반응을 보고 임대료가 올라갈지, 동결이 될지, 상권이 더 커질지, 성장을 멈출지 제일 먼저 알게 된다. 이때부터 건물주는 더 기다릴 것인지, 팔고 나올 것인지를 고민하게 된다. 반대로 매입자는 내가 상투를 잡는 것인지, 아닌지 고민하게 된다. 다음 단계의 변화가 예상되면 잡아야 하고 그게 아니면 매입을 철회해야 한다.

최근 뜨는 지역이라고 하는 신흥 상권이 대부분 성장 단계에 있다. 여기서 확장 단계로 넘어가기 위해서는 상권의 전체 크기가 매우 중요하다. 옆으로 뻗어 나가면서 말 그대로 상권의 면적(양)이 확장되어야 한다. 쭉 이어지는 주거지역이 있어야 확장이 쉽다. 큰길, 아파트단지, 학교, 강, 산, 등으로 막혀있다면 확장될 공간이 없다. 이런 지역은 다음에 이야기할 확장 단계의 변화가 있다고 하더라도 길게 갈 상권이 아니다. 조만간 쇠퇴의 길을 걷게 될 것이다.

(3) 확장 단계

상권이 확장될 공간이 더 있다면 상권의 크기가 더 커지는 단계에 접어든다. 이 단계에도 몇 가지 주목할 특징이 있다.

첫째, 발생 단계의 움직임이 상권의 외곽에서 나타난다. 예를 들면 상권의 중심에서 도보로 10분 정도 거리에 있는 다가구, 단독주택이 근생시설로 용도변경이 되면서 1층에 트렌드 맛집이 입점하는 식이다.

이는 중심가의 2층이나 3층보다 차라리 외곽의 1층이 낫다고 판단하는 임차인들 때문인데 이 역시 중심가의 높은 임대료 때문에 임차인이 외곽으로 밀려나는 젠트리피케이션 현상의 일종이다. 예를 들면 가로수길 옆에 세로수길이 생겼던 시기를 떠올리면 된다. 새로운 발생 단계의 상권이 되풀이해 생겨난 것이다.

둘째, 확장 단계에서는 꼬마빌딩의 거래량이 최고조가 된다. 솔직히 말해서 이때는 꼬마빌딩이 아니다. 이미 애어른 수준이다. 크기는 작지만 가격이 낮지 않기 때문이다. 이 단계는 꼬마빌딩보다 사이즈가 더 큰 빌딩도 거래되기 시작해 거래량이 최고조에 이른다.

한편 펀드 및 해외 자금, 대기업 자금이 유입되면서 대로변의 대형 빌딩도 매매되기 시작한다. 저층부를 중심으로 부동산 밸류업(value up)이 가능한 빌딩이 그 대상이다. 부동산 밸류업이란 저평가되거나 낮은 부동산을 물리적으로 개선해 더 높은 가치의 부동산으로 만들고, 이를

▶ 근생상권의 확장 단계

주변 지역의 변화	변화에 대한 설명
상권이 계속 옆으로 확장	상권의 외곽에 확장될 수 있는 다가구, 단독주택일 있어야 한다. 중심가의 2, 3층보다 외곽의 1층이 낫다고 판단하는 임차인들이 증가한다.
꼬마빌딩의 거래량 최고조	유동인구의 증가에 놀라는 투자자들이 추격 매수에 나선다. 매매가에 거품이 발생되는 시기이며 치열한 경쟁 때문에 폐업하는 가게도 생겨난다.
펀드, 해외, 대기업 자금이 유입되면서 대로변 빌딩도 매매되기 시작	대로변의 대형빌딩도 매매되기 시작한다. 저층부를 중심으로 부동산 밸류업(value up)이 가능한 빌딩이 그 대상이다. 젠트리피케이션이 더욱 심해진다.
확장 단계의 임차업종	1층에는 대기업에서 운영하는 F&B매장이 입점한다. 2층은 신규 프랜차이즈, 3층 이상은 트랜드 맛집 등이 입점하는 단계다. 성숙 단계로 나아가기 위해 지하층 임대료도 중요해지는 시점이다.

통해 이익을 실현하는 사업 방식이다.

이렇게 대로변의 빌딩이 밸류업되면 애초에 해당 상권 발생의 견인차였던 특색이 사라지는 경우가 많다. 큰 흡입력으로 고객을 유인하려면 애초의 특색을 그대로 유지해야 하는데 거대 자본이 투입되면 이야기가 달라진다. 임대료가 급속히 올라가면서 애초의 특색을 유지하는 것이 쉽지 않게 된다. 기존의 큰 상권과 비슷한, 그렇고 그런 상권이 되어가면서 젠트리피케이션이 더욱 심해진다.

한편 이 단계에서는 거품으로 거래되는 사례도 종종 볼 수 있다. 성장 단계까지는 현실 가능한 임대료로 성장했기 때문에 적절한 가격에 거래되지만 확장 단계부터는 임대료나 매매가격 모두 실현 가능성이 낮은데도 투자자가 나타난다. 추격 매수를 하려는 매수자들이 많아지면서 가격에 거품이 끼게 된 것이다.

남들이 하니까 나도 해야지, 즉 묻지 마 투자가 시작되면 그것이 바로 거품이다. 마찬가지로 기존 임차인은 폐업하는 사례가 없었지만 거품이 일기 시작하면 특이한 장점 없이 후발주자로 뛰어든 임차인은 경쟁에 밀려 하나둘씩 문을 닫기도 한다.

계속 상권이 확장되다가 어느 순간 숨 고르기를 할 때가 있다. 이때 해당 상권의 성장 동력이 남아있는지, 경쟁 상권과 비교했을 때 경쟁력은 있는지 등을 보고 투자할지 말지 판단해야 한다.

셋째, 확장 단계에서는 대기업의 F&B 매장들이 1층을 차지하게 된다. 기존 1층에 있던 업종들은 더 작은 면적을 임차하거나 위층으로 올라간다. 2층에는 신규 프랜차이즈, 3층 이상은 트랜드 맛집이 입점한다.

이때부터는 지하 임차업종의 임대료도 중요해진다. 성숙 단계의 매매가격까지 올라가기 위해서는 지하층의 임대료까지 필요하기 때문이다.

확장 단계에서 성숙 단계로 넘어가려면 1층 임차인의 임대료가 $3.3m^2$당 20만 원을 넘어야 한다. 이 확장 단계에서는 $3.3m^2$당 매매가격이 1억 2천만 원 정도까지 올라갈 수 있다. 그 이상을 받고 매도하려면 다음에 설명할 성숙 단계의 변화가 나타나야 한다.

(4) 성숙 단계

확장 단계까지 업그레이드가 되었다면 이제 성숙 단계로 접어든다. 성숙 단계에서 보이는 대표적인 변화는 첫째, 외국 관광객의 유입이다. 단순 관광이든 비즈니스 방문이든 외국인들이 많이 모이는 곳은 성숙 단계로 접어든 대표 상권으로 가격이 올라간다. 너무 단편적인 판단이라고 생각하겠지만 그렇지 않다. 파리=에펠탑인 것처럼 외국인들이 많이 찾는 명동, 광화문 광장, 강남역, 가로수길, 이태원, 홍대 등은 이미 성숙 단계에 접어든 상권이다.

사람만 많이 모이는 것이 아니다. 외국인은 내국인보다 소비력이 높은 편이다. 자주 올 수 없는 곳이기에 관광은 물론이고 쇼핑도 열심히 한다. 그래서 관광산업이 많은 부가가치를 창출할 수 있는 것이다.

둘째, 차량으로 10~20분 정도 거리에 2~3곳의 위성 상권이 생기기 시작한다. 이는 높은 임대료를 피해 이동한 임차인들이 새롭게 조성한 상권이다. 비슷하면서도 다른 신흥 상권으로서, 단계로 따진다면 발생 단계의 상권이다. 예를 들면 홍대상권 주변에 생겨난 망리단길 상권이다.

셋째, 대규모 자금의 유입으로 대형 빌딩의 매매가 본격화되는 단계다. 백화점, 호텔, 극장, 대형 쇼핑몰 등 크고 다양화되고 대형화된 임차 업종이 입점한다. 이 상권 내에서 다양한 것들을 할 수 있기 때문에 유동 인구의 체류 시간이 길어지고 당연히 매출도 향상된다. 임차인의 영업시간 역시 길어진다.

높은 임대료 때문에 1층은 SPA 브랜드숍, 플래그십 스토어 등이 입점한다. 간혹 1, 2층을 같이 사용하는 임차인들도 늘어나기 시작한다.

신축하는 빌딩이 있다면 근생시설을 지하 2층~지하 3층까지 설계하고 시공한다. 비싼 매매가격을 감당하기 위해서는 지하 2~3층까지도 근생시설을 입점시켜 임대료를 받아야 수지타산이 맞는다. 그래도 임차인이 입점한다는 것은 그만큼 유동 인구가 많아졌고 임차업종도 다양해졌다는 반증이다.

▶근생상권의 성숙 단계

주변 지역의 변화	변화에 대한 설명
외국 관광객 유입	한류, 미디어의 힘으로 상권의 흡입력이 해외까지 확대된 케이스. 관광객은 소비력 최상급이므로 임차인의 매출 극대화. 하지만 외국인 관광객은 일시적 유동인구라는 점을 간과해서는 안 된다.
위성 상권의 발생	젠트리피케이션에 밀려난 임차인들이 차량으로 10~20분 정도 거리에 2~3곳의 위성상권을 조성한다. 발생단계의 상권이다.
대규모 자금의 유입 본격화	펀드, 해외, 대기업 자금으로 대형빌딩들이 매매가 본격화된다. 임차인의 업종이 다양화되고 대형화된다.
여러 형태의 상권이 발생되고 중첩	백화점, 호텔, 패션, 극장, 유흥업소, 먹자상권 등 여러 형태의 상권이 발생하고 유동인구의 체류시간, 임차인의 영업시간이 길어진다.
성숙 단계의 임차업종	높은 임대료 때문에 대로변 1층은 SPA브랜드, 글로벌 브랜드, 플래그십 스토어 등이 입점해 프리미엄 상품을 판매하게 된다. 2층에서 5층까지는 트랜드 맛집, 프랜차이즈 카페 등이 입점하고, 5층 이상은 병의원, 업무시설, 호텔, 극장 등이 차지하곤 한다. 대로변 상권과 이면 상권이 조화를 이루는 단계로서 많은 사람들이 약속장소로 이용하는 유명한 상권이라 할 수 있다.
지하2층, 지하3층까지 근생시설이 입점	신축하는 빌딩의 경우 지하2~3층까지 근생시설을 입점시킬 수 있도록 설계, 시공한다.

명동, 강남역, 홍대입구역 등 톱쓰리(Top 3) 상권이 완전한 성숙 단계에 해당된다. 성숙 단계에서는 1층 임대료가 3.3m²당 20만 원 이상이며, 3.3m²당 매매가격이 1억2천만 원 이상이다. 참고로 명동 중앙로에는 1층 임차인의 임대료가 3.3m²당 100만 원인 빌딩도 있다. 임대 면적이 33평짜리인 매장의 월임대료가 1천만 원인 것이다. 이렇게 성숙 단계에서 3.3m²당 매매가격 및 3.3m²당 임대료는 그저 하나의 테두리로 묶기에는 애매하다. 워낙 매물이 희귀한 지역이라서 매물이 나오면 곧바로 거래되는 것이 일반적인 상황이다.

(5)쇠퇴 단계

무한정 뻗어나가는 상권은 없다. 어쩔 수 없이 쇠퇴 단계에 접어드는 때가 오게 마련이다. 앞에서 말한 4단계 어디에서도 쇠퇴기를 맞을 수 있다. 발생 단계에서 바로 쇠퇴 단계로 떨어지는 경우도 많다.

쇠퇴기로 접어드는 원인은 여러 가지가 있다. 우선 빠르고 방대한 정보의 홍수 시대에 살고 있는 현대인들의 선택권이 너무나도 다양해졌다. 예전에는 단골 가게가 있었지만 요즘은 여러 곳을 방문하면서 다양한 경험을 하려는 사람들이 많아졌다.

다양한 매장을 섭렵하는 사람들은 자연스럽게 상대평가를 하게 되고, 그 후기를 SNS에 올린다. 어떤 매장은 다시 방문할 가치가 있고 상대적으로 어떤 매장은 돈을 주어도 다시는 가기 싫다고 소문을 내는 것이다. 그 채점표에는 트렌디한 인테리어 수준까지도 들어가 있다.

사실 업주와 고객은 트렌드에 반응하는 속도가 다를 수밖에 없다. 요즘 젊은 고객들은 인테리어한 지 1~2년만 지나도 "분위기가 구리다"라며 새로운 개척지로 발길을 돌린다. 하지만 상점의 인테리어 변경 주기는 최소 5년 정도로 고객보다 많이 늦다. 게다가 5년이 되었다고 해서 새롭게 인테리어를 고치는 업주도 별로 없다. 창업 당시 투자한 인테리어 비용이 만만치 않다 보니 트렌드에 뒤떨어지는 인테리어를 유지할 수밖에 없는 것이다. 그 차이가 상권의 흥망성쇠를 결정짓는다. 결국 앞서가는 트렌드로 흥한 상권이 뒤처지는 트렌드로 망하는 것이다. 해마다 철마다 꽃단장을 할 수 없으니 이를 극복하기 위해서는 나만의 킬러 콘텐츠를 만들고, 매장 고유의 특색으로 승부를 결정지어야 한다.

▶근생상권의 쇠퇴 단계

주변 지역의 변화	변화에 대한 설명
다른 트렌드 상권으로 유동 인구의 이동. 주변에 신흥 트렌드 상권 형성	트렌드로 흥한 상권은 트렌드로 망한다. 경쟁상대가 생겼다는 뜻이다. 새로 시장에 진입한 도전자는 임대료를 낮춰 기존 시장의 임차인을 유인하게 된다.
오래된 빌딩의 지저분한 분위기	시설은 노후화되고 청소를 해도 사라지지 않는 묵은 때가 있다. 주차 공간이 없는 경우가 많다. 유동 인구 역시 40~50대가 주를 이룬다.

이 모든 것이 언제 어디서든 정보를 검색할 수 있는 스마트폰 엄지 족들이 가져온 변화라고 할 수 있다. 성균관대학교 최재붕 교수는 이를 두고 스마트폰을 신체의 일부처럼 사용하는 신인류 '포노사피엔스(Phono Sapiens)'의 등장이라고 칭했다. 이런 빠른 변화를 따라가지 못한다면, 즉 포노사피엔스를 유인하지 못한다면 상권은 언제든지 소멸할 수 있다는 것을 명심해야 한다.

쇠퇴 단계의 주요 변화로는 주변에 특색 있는 신흥 상권이 생기는 것이다. 경쟁 상대가 생겼다는 뜻이다. 시작은 외곽 상권일 수도 있고, 위성 상권일수도 있다. 하지만 기존 상권과의 차별화로 고객 유인에 성공한다면 쇠퇴 단계 상권의 유동 인구를 흡수하면서 급속도로 성장할 수 있다. 간단히 말하면 비빌 언덕이 있는 셈이다. 10년 전 신촌과 이대 상권이 죽고 홍대 상권이 뜬 것이 좋은 예라고 할 수 있다.

쇠퇴 단계는 상권의 특색이 사라지면서 상권을 이끌었던 성장 동력이 사라진 단계이다. 성장이 멈추고 오래된 빌딩이 많은 상권은 이상하게 퀴퀴한 냄새가 난다. 청소를 해도 묵은 때는 사라지지 않고 길거리는 지저분하다. 20~30년이 넘은 건물이 많고 리모델링을 하거나 신축한 빌딩도 없다. 이미 오래 전에 지어진 빌딩들이라서 주차 공간이 없다. 앞서 말한 발생, 성장, 확장, 성숙 단계의 특성과는 거리가 멀다. 예전부터 이루어진 40~50대 유동 인구가 주를 이룬다. 시설은 노후화되고 신선한 트렌드는 찾기 어려운 지역으로 연결되는 것이다.

경리단길의 삼거리 위쪽, 삼청동의 검문소 위쪽이 이에 속한다. 경사가 많거나 너무 꼬불꼬불한 길 등 태생적으로 상권이 생기기 힘든 곳인데 트렌드의 힘으로 상권이 생겼다가 트렌드가 빠지자 쇠퇴한 경우다. 그래서 필자는 '지역적 상승 요인' 투자를 강조한다.

영원한
승자는 없다

2013년 → 2017년 빅데이터로 분석한 상권의 변화

2019년 6월 21일 국토교통부 발표에 따르면 2019년 1분기 경리단길로 대표되는 이태원 일대 상가 공실률은 24.3%로 서울 평균 공실률(7.5%)보다 세 배 가량 높았다. 이 역시 젊은층이 SNS에 올리면서 입소문으로 커진 상권이기 때문에 쉽게 악순환의 부작용을 겪고 있는 것이다.

악순환의 고리를 다시 설명하면 이렇다. 특색 있는 한두 개의 상점 때문에 유명해진 골목상권에서는 방송이나 SNS의 소문을 듣고 찾아온 뜨내기손님들이 토박이 단골들을 밀어낸다. 매출은 크게 오르지 않았는데 인기몰이를 하는 과정에서 임대료가 상승한다. 이를 견디지 못한 원년 멤버들이 동네를 떠난다. 그 자리를 프랜차이즈나 미투 전략으로 무장한 초보창업자들이 차지한다.

무성한 소문을 듣고 찾아온 사람들 때문에 걷기가 어려울 지경에 이르고, 개성을 찾아볼 수 없는 상권으로 전락하자 사람들이 기피하게 된다. 당연히 공실률이 높아진다. 임대인이 다시 임대료를 내려도 그 폭이 미비한데다 이미 고객이 없다고 소문이 났기 때문에 창업자들이 기피하게 된다. 결국 상권은 쇠퇴와 소멸의 과정에 들어선다.

아이러니하게도 빠른 입소문 때문에 생겨난 골목상권이 빠른 입소문 때문에 망가지고 마는 셈인데, 이 주기가 5년에서 2~3년으로 현저하게 짧아졌다.

지난 이야기지만 경리단길은 처음부터 상권이 생길 수 있는 지형적 요인이 없었다. 10~12m 너비의 도로가 길게 이어진 경리단길은 남산공원까지 연결되어 상권이 형성될 요소는 있었지만 급경사라는 단점이 더 컸다. 태생적인 단점을 극복하지 못하고 성장 단계에서 확장 단계로 넘어가다가 다른 신흥상권으로 유동 인구를 뺏기면서 쇠퇴의 길로 접어든 것이다.

그래도 잘 나가는 곳은 여전히 잘 나가지 않느냐고? 꼭 그렇지만은 않다. 상권의 세계에서 영원한 승자란 없다. 길을 막고 "대한민국 최고의 상권은 어디?"라고 물으면 대부분 명동역, 강남역, 가로수길, 홍대 등을 떠올린다. 낮에도 사람이 많고, 밤에도 불야성을 이루는 곳이기 때문이다. 하지만 빅데이터로 분석한 결과는 달랐다.

2017년 최고의 상권은 서울 광화문역 인근이었다. 국내 상권 가운데 연 매출과 1인당 매출이 가장 높은 곳으로 조사되었다.

SK텔레콤의 상권분석 서비스인 지오비전(Geovision)이 2016년 11월부터 2017년 10월까지 1년간 전국 주요 20개 상권을 분석한 결과, 광화문역 상권이 연매출 5조 8,355억 원으로 1위였다. 인근 서울시청역 상권(5위)

▶전국 20개 상권 분석 결과

	지역	상권	남_매출	여_매출
1	서울 종로구	광화문역 인근	38,524	19,831
2	서울 강남구	삼성역	22,935	30,764
3	서울 강남구	선릉역	29,597	18,272
4	서울 강남구	강남역 북쪽	21,895	19,000
5	서울 중구	시청역 인근	22,025	16,056
6	서울 종로구	종각역 인근	15,668	14,929
7	서울 강동구	천호역	10,944	14,471
8	서울 영등포구	영등포구청역 인근	6,276	9,252
9	울산 남구	남구청	7,662	3,352
10	부산 중구	영주, 중앙, 남포동 자갈치, 국제시장 인근	5,664	3,664
11	서울 중구	서울역 회현역 주변	5,638	3,602
12	서울 강남구	신사 논현역	3,645	4,739
13	서울 강남구	강남역 남쪽	4,633	3,616
14	경기 성남시	서현역 1	4,122	3,986
15	서울 중구	명동역 주변	3,911	3,505
16	경기 안양시	범계역 인근	3,990	3,350
17	대전 서구	둔산2동	3,736	3,564
18	서울 관악구	당곡사거리 주변	4,148	3,110
19	서울 강남구	압구정역	3,170	4,057
20	인천 부평구	부평시장역 인근	3,452	2,774

	2013년	2017년
1위	서울 강남역 남쪽(3조 5289억)	서울 광화문역 인근(5조 8355억)
2	서울 강남역 북쪽	서울 삼성역
3	서울 압구정역	서울 선릉역
4	서울 종각역 인근	서울 강남역 북쪽
5	신사 논현역	서울 시청역 인근
6	서울 삼성역	서울 종각역 인근
7	부산 서면역	서울 천호역
8	울산 남구청	서울 영등포구청역 인근
9	대전 둔산2동	울산 남구청
10	서울 선릉역	부산 남포동 자갈치 시장인근
11	서울 학동사거리 부근	서울역 회현역 인근
12	서울 성수역주변	서울 신사 논현역
13	경기 중동사거리 신도시지역	서울 강남역 남쪽(8249억)
14	부산 남포동 자갈치 시장인근	경기 서현역
15	경기 이탑역인근	서울 명동역 주변
16	경기 서현역	경기 범계역 인근
17	서울 학동역	대전 둔산2동
18	경기 산본인근	서울당곡사거리 주변
19	인천 부평시장역인근	서울 압구정역
20	서울 광화문역인근(7411억)	인천 부평역 시장역 인근

과 종각역 상권(6위)의 매출을 포함할 경우 광화문을 중심으로 한 상권의 매출 규모는 무려 12조7천여억 원에 달했다.

특히 서울시청역 상권은 2013년 당시 89위에 불과했으나 급성장해 5위에 올랐다. 이는 2016년 말부터 이어진 대규모 촛불집회의 영향이라는 분석이다. 많은 사람이 모이고 오래 머무를수록 매출은 올라가게 마련이라는 절대 원칙이 다시 입증된 것이다.

그렇다면 강남역은? 2017년 매출 기준으로 따지면 강남역 북쪽이 4위, 강남역 남쪽이 13위였다. 두 곳을 합쳐도 광화문역 상권을 이기지 못했다. 4년 전인 2013년으로 거슬러 올라가보면 1위가 강남역 남쪽이었고, 2위가 강남역 북쪽이었다. 당시 광화문역 상권은 20위였다. 4년 만에 8배 이상 늘면서 최고 상권으로 도약한 것이다.

2017년 연 매출 2위는 삼성역 상권, 3위는 선릉역 상권, 4위는 강남역 북부 상권 순으로 나타나 강남권의 체면을 살렸다. 강남역 남부가 13위로 밀려난 데에는 삼성 서초사옥 인력이 수원의 삼성디지털시티로 이동한 때문이라는 분석이다. 삼성디지털시티가 위치한 경기도 수원시 영통구의 경우 조사 이래 최초로 연 매출 순위가 100위권 내(81위)에 들었다. 삼성공장이 가까울수록 집값이 비싸다고 해서 붙여진 삼세권이란 말이 있는 것처럼 확실히 삼성은 지역경제 활성화에 도움을 준다.

주목할 상권은 7위로 등극한 천호역 상권이었다. 2013년 당시 3위였던 압구정동 상권이 19위로 하락한 것과 비교하면 의외라고 할 수 있다. 이는 천호역 주변에 먹자골목이 위치해 학생뿐만 아니라 직장인 유동 인구까지 흡수한 것으로 분석되었다. 지방 중에서는 울산 남구청 상권이 가장 컸던 것으로 나타났다.

상권을 분석할 때 1인당 월평균 매출 분석도 매우 중요하다. 유동 인구가 많아도 지갑을 열지 않는다면 진정한 우수 상권이라 할 수 없기 때문이다.

분석 결과, 1인당 월평균 매출도 광화문역 상권이 390만 원으로 가장 많았는데 놀랍게도 2위는 320만 원을 기록한 강동구 천호역 인근 상권이었다. 앞서 언급한 것처럼 연매출은 7위에 불과했지만 1인당 월평균 매출은 광화문역과 나란히 유이하게 300만 원을 넘었다.

이 밖에 선릉역(3위), 삼성역(5위), 강남역 북부(6위) 등의 다른 강남권도 1인당 매출이 높은 지역으로 나타났다. 지방 중에서는 대전 둔산2동 상권이 1위였다. (자료 : SK텔레콤)

▶전국 주요 상권의 1인당 월평균 매출액

순위	지역	상권	1인당 매출(월평균, 원)
1	서울 종로구	광화문역 인근	3,902,815
2	서울 강동구	천호역	3,203,439
3	서울 강남구	선릉역	2,132,678
4	서울 중구	시청역 인근	1,181,619
5	서울 강남구	삼성역	1,055,814
6	서울 강남구	강남역 북쪽	941,556
7	서울 강남구	압구정 역	925,361
8	서울 구로구	오류시장	811,117
9	대전 서구	둔산2동	794,057
10	서울 관악구	당곡사거리 주변	764,955
11	서울 영등포구	영등포구청역 인근	684,231
12	경기도 부천시	순천향병원사거리 인근	655,526
13	광주 동구	조선대 후문	625,798
14	서울 구로구	고대구로병원사거리 인근	601,056
15	경기 성남시	서현역1	524,078
16	대구 중구	동인동	504,335
17	서울 강남구	학동사거리 부근	461,227
18	서울 중구	서울역 회현역 주변	443,702
19	광주 동구	금남로 5가역	442,503
20	서울 종로구	종각역 인근	420,986

부동산은
종합사회과학

투자 수익은 정확한 상권 분석에서 나온다

부동산은 종합사회과학이다. 공부하지 않으면 F학점을 받게 된다. 국내외 정치상황, 국내외 경제문제, 사회적 흐름, 문화의 변화, 예능과 유행 등 우리를 둘러싼 모든 것들이 부동산 가격 결정에 영향을 끼친다고 해도 과언이 아니다. 이러한 요소들이 내가 보유한 부동산과 어떤 연관성을 갖게 될지 분석하고 판단해야 한다. 하나하나 종합적으로 따져 보는 것. 이것이 바로 상권 분석의 노하우라고 할 수 있다. 다음은 그 간단한 예시들이다.

:: 주변에 어떤 상권이 있는가?

대형 빌딩이나 큰 상권이 주변에 있으면 당연히 도움이 된다. 대형 빌딩이 있다면 회사원들을 중심으로 자연스럽게 오피스 상권이 생기게 된다.

222

한편 작은 토지가 많이 모여 있는 영세한 상권보다는 큰 토지 옆에 있는 작은 토지가 낫다. 작은 토지들이 모여 있는 곳은 가까운 시일 내에 대형 빌딩이 들어서기가 쉽지 않다. 여러 토지 소유자들의 요구를 수용하다 보면 대규모 부동산 개발은 물 건너가기 때문이다.

:: 사무실이 많은 지역인가? 근린생활시설이 많은 곳인가?

주5일 근무제가 시행된 후 사무실이 밀집한 지역은 주말만 되면 거리가 횅하다. 퇴근 후 회식 문화도 예전만 못해서 사무실 밀집 지역보다는 주택가와 인접해 식당, 편의점, 학원, 병원 등 편의시설이 많은 곳이 낫다.

예전에는 근생시설이 있는 빌딩은 관리가 힘들고 사무실이 있는 빌딩은 관리가 쉽다고 생각해서 사무용 빌딩을 선호했다. 하지만 지금은 관리상의 미묘한 차이보다는 공실의 위험과 이익 실현을 생각해야 할 때다. 당연히 근생시설이 입점한 빌딩이 낫다.

:: 대학교 주변인가?

주변에 대학교가 있는 곳에 상권이 형성된다는 것은 상식이다. 물론 장점이다. 하지만 대학교만 있는 상권은 곤란하다. 여름방학과 겨울방학은 공을 쳐야 하기 때문에 12개월이 아니라 8개월만 활성화되는 상권이다.

대학교뿐만 아니라 지하철역이 바로 앞에 있고, 강남은 물론 강북으로도 접근하기가 용이하며, 전통적으로 유흥업소가 많은 건대입구역 상권처럼 복합적인 요소가 있어야 굵고 오래가는 상권이 된다. 학교가 있는 세력권을 소위 학세권이라고 해서 선호하는데 이는 주거단지에도 적용된다. 대치동이나 목동처럼 유명 학원이 있는 지역, 등하굣길에 유해 시설이 없는 지역은 상대적으로 아파트 가격이 높은 편이다.

∷ 유동 인구의 동선은?

대로변에서 바로 들어오는 이면 도로인가? 아니면 한 번 더 꺾여야 하는가?가 중요한 포인트이다. 중간에 꺾이는 부분 없이 곧게 이어지는 도로가 좋은 상권이다. 길의 시작점에서 저 멀리 빌딩의 간판이 보이는 쭉 뻗은 길이 그런 경우다.

∷ 유동 인구의 성별이나 연령대는?

40대 이상의 중장년층보다는 20대 중반부터 30대 중반의 미혼 세대가 자주 가는 상권이 좋다.

우선 남성보다 여성 위주의 상권이 낫다. 과거에도 현재도 미래에도 소비를 주도하는 것은 여성들이다. 여성들이 남성들보다 새로운 것(음식, 체험 등)에 궁금증이 더 많고 과감하게 도전하기 때문이다. 새롭게 론칭하는 브랜드는 여성을 잡아야 성공한다는 말이 나올 정도다.

또한 남성들의 소비 패턴은 음주가무가 주를 이루지만 여성들은 의류나 액세서리 같은 소비재 위주로 구성된다. 이는 작은 면적의 매장만 있어도 판매할 수 있는 제품들이라서 임차인들의 밀집도를 높이는 효과를 내기도 한다. 즉, 여성 위주의 상권은 좁은 공간에 임차인들이 집중적으로 밀집되어 있는 곳들이 많다는 말이다.

또한 여성은 자신을 위해서는 물론이고 가족을 위한 소비도 병행한다는 특이점이 있다. 부모, 남편, 자녀 등 온 가족을 위한 소비도 함께하기 때문에 소비 패턴이 다양한 편이다. 따라서 임차인 입장에서는 여성 1명은 그저 1명의 소비자가 아닌 3~4명의 소비자인 셈이다. 당연히 여성 상권이 더 크고 오래갈 수밖에 없다.

기혼자보다는 당연히 미혼자 상권이 좋다. 소비력이 높기 때문이다. 누구나 결혼을 하는 순간 지출보다는 저축을 해야만 하는 상황에 처하게 된다. 특히 40~50대는 높은 주거 비용을 감당하기 위해서 저축이나 대출이자 상환에 허덕이는 세대다. 주택자금대출 이자, 자녀를 위한 교육비 지출이 많아 소비할 자금이 부족할 수밖에 없다.

반면에 20~30대는 자신을 위한 소비, 데이트를 위한 소비가 많은 편이다. 결국 근생상권을 성장시키기 위해서는 20~30대 미혼 여성들의 유입이 필요하다.

∷ 임차업종은 어떻게 되는가?

임차인이 상호 보완적 업종으로 구성된 빌딩이 좋다. 병원이 많은 빌딩 1층에는 약국이 있어야 좋다. 학원과 PC방의 조합은 좋지 않다. 임차인들이 상호 보완적인 관계를 이어갈 수 있는 업종들로 구성하는 것도 건물주가 해야 할 일이다.

∷ 다세대주택, 어중간한 동네상권보다는 임차인 없는 단독주택지

최근 5~10년 전부터 유행한 트렌드 중 하나가 기존 상권에서 비싼 임대료를 내면서 영업을 시작하는 임차인들보다 비록 상권이 없지만 임대료가 싼 지역에서 새롭게 상권을 만들어가면서 영업하려는 임차인들이 많아졌다는 점이다. 비싼 권리금을 지불하기 위해 초기 자금을 다 소진하기보다는 차라리 인테리어에 신경을 쓰겠다는 이들의 전략이다. 유동 인구가 없는 곳이지만 솜씨에 자신이 있으니 블로그, SNS 등의 온라인 마케팅을 통해 끌어들이겠다는 의도 역시 읽을 수 있다. 최근 몇 년 사이에 뜬 골목상권들은 대부분 이런 경우에 해당된다고 할 수 있다.

골목상권은 메인상권 이면이나 오래된 건물들이 많은 곳, 즉 상대적으로 임대료가 저렴한 지역에 형성된다. 주택을 근린생활시설로 용도변경을 해서 상권이 없는 주거지역에 입점하는 것이다. 사실 메인상권의 이면에서 흔히 볼 수 있는 다가구주택이나 단독주택 중에서 지하 1층이 외부로 노출되어있거나 반지하인 경우에는 1층에서 가시성이 확보되면서 1층과 같은 임대료를 받을 수 있어 유리하다. 노후된 주택을 용도변경으로 기본 뼈대는 유지하고 리모델링을 통해 근생시설로 탈바꿈시키는 것이다.

요즘은 현실적으로 상가임대차보호법 때문에 주택보다 상가 시설의 명도가 더 어려워졌다. 상대적으로 단독주택이 용도변경을 하기가 쉽기 때문에 이런 지역에 골목상권이 잘 생기고 빠르게 확장될 확률도 높다.

다만 지하철역에서 너무 멀거나 경사진 언덕에 있어 도보로 이동하기 어려운 골목상권이라면 반짝 유행을 타다가 사라질 수 있으니 핫플레이스라고 해서 섣불리 판단하는 것은 좋지 않다.

갑자기 뜨거워진 냄비는 쉽게 식는다. 골목상권의 단점이 바로 이것이다. 유동 인구가 늘어나면 임대료가 상승하게 마련인데 이는 상권이 존재하지 않던 시절, 즉 임대료가 저렴하던 초창기부터 트렌드를 만들어온 중요 임차인들일 떠나버리는 결과를 낳게 된다. 이는 유동 인구의 감소로 이어지면서 남아있는 임차인들의 매출도 줄어든다. 비싼 임대료를 지불하며 막차를 타고 들어온 임차인들이 고스란히 그 피해를 보는 것이다.

그나마 남은 매장들은 비용을 줄이기 위해 인건비와 식재료를 아끼게 된다. 하지만 고정비를 줄이는 데에도 한계가 있다. 그 다음은 고객들의 불만과 악평이 끊이질 않는다. 악소문은 좋은 소문보다 빨라서 "○○ 골목은 이제 사람 갈 곳이 아니야!"라는 말은 빠르게 확산된다. 그 결과 공실은 더 늘어나고 빌딩의 가치는 하락하게 된다. 이처럼 골목상권은 순식간에 침체될 수 있으니 조심해야 한다.

:: 역세권보다 항아리 상권

항아리 상권이란 특정 지역에 상권이 한정되어 더 이상 크게 팽창하지 않으면서 소비자가 타 지역으로도 빠져나가지 않는 곳을 말한다. 물이 가득 차서 넘실대는 항아리처럼 수요가 공급을 초과하는 곳으로 흔히 섬상권이라고도 한다. 상대적으로 높은 임대수익률을 기대할 수 있기 때문에 건물주들이 눈독을 들이는 상권이다.

흔히 상권이라고 하면 역세권 상권을 떠올리게 되는데 이미 수도권에는 많은 지하철역이 있고, 그나마도 출구별로 편차가 커서 유명무실한 경우가 많다. 투자 비용이 너무 높고 업종 사이에 경쟁도 치열한 편이다.

하지만 항아리 상권은 보통 인근에 아파트나 빌라 등 주택단지가 많거나 기업, 관공서, 학교 등 풍부한 고정 배후 수요가 있어 안정적인 수익 기반이 확보되는 것이 특징이다. 유동 인구가 적더라도 배후 세대 대비 상가 건물이 부족하며 수요에 비해 공급이 부족한 현상이 나타나고, 배후 세대를 대상으로 하는 학원, 병원, 식당 등의 임차 수요가 풍부해 수요층이 다른 상권으로 이동하는 경우가 드물다.

이처럼 안정적인 상권이 형성되면 임차인은 충성도 높은 단골 위주의 영업을 통해 일정한 매출을 보장받을 수 있게 된다. 안정적인 영업이 가능하게 되면, 임차인은 장기계약을 하며 건물주 속을 썩이지 않는 효자가 된다. 항아리 상권은 항상 주목할 필요가 있다.

∷ 스세권인가?

스세권의 영향력이 막강하다는 것은 결코 과장이 아니다. 스타벅스가 입점하면 건물의 가치가 올라가는 것은 물론이고, 그 지역은 순식간에 핫플레이스 상권이 된다. 지갑을 열 준비가 된 손님들이 하루 종일 모여드니 스타벅스 근처에서 장사를 하면 기본 이상은 한다는 말이 있을 정도다. 당연히 빌딩의 다른 층 임차인은 물론 주변의 상권도 좋아지게 된다. 심지어 ○○커피의 경우 스타벅스가 입점하는 건물 근처에 매장을 여는 미투 전략을 택하고 있다는 것이 공공연한 비밀이다.

스타벅스가 자본력이 풍부한 세계적인 기업이라서 목이 좋은 자리, 이미 잘 나가는 지역만 골라서 입점하기 때문에 장사가 잘 된다고 생각하면 오산이다. 물론 프리미엄 이름값이 있어 그 어느 곳에 입점해도 장사가 잘 되겠지만 스타벅스는 아무 곳에나 문을 열지 않는다.

기본적으로 유동 인구가 많은 지하철역 주변, 직장인이 많은 오피스 상권, 영화관 등의 공연장, 스포츠 시설, 공항 등에 입점한다. 나아가 점포개발팀은 철저한 분석을 통해 성장 가능성이 있는 상권을 선택하는데 10년 후까지 바라보고 결정한다는 소문이 있을 정도로 철저하다.

'스타벅스 국토개발계획 지도'를 제작해 후보지, 매물, 신축 건물 등을 조사한다. 전국 지하철역과 신설 예정지를 표시하고 역의 규모에 따라 입점 가능한 매장수를 산정하기도 한다. 예를 들어 서울 지하철역은 역당 4개, 부산은 역당 2개 매장으로 계획하는 식이다. 버스 정류장의 승하차율까지 고려한 분석이 끝나면 최종적으로 미국 본사에서 입점제안서를 승인하는 과정까지 거친다고 하니 스타벅스가 입점한 곳은 고르고 또 고른 상권이라고 보아도 무방하다.

참고로 스타벅스 매장은 매년 100개 이상씩 증가하는데 개인이 투자하고 운영하는 가맹점이나 체인점은 한 곳도 없다. 그렇기 때문에 영업권 보장을 위한 출점 규제가 없다.

직영 시스템이고 5년 이상 장기계약을 하기 때문에 건물주 입장에서는 임대료 연체나 공실에 대한 걱정도 없다. 선호할 수밖에 없는 임차인인 것이다. 선호 정도가 아니라 모셔오기 위해 건물주가 새로 짓거나 리모델링을 해주기도 한다. 그렇게 하지 않는다고 해도 보통 스타벅스가 입점하면 내부 인테리어를 하면서 외벽, 창문 등을 내부와 연계해서 스타벅스만의 분위기로 시공한다. 당연히 손 안대고 건물을 리모델링하는 효과를 보는 것이니 건물주는 스타벅스를 원하지 않을 수 없다. 참고로 스타벅스는 기본 보증금에 일정 월세를 지급하는 전통적인 방식 외에도 매출액의 일정 비율을 임대료의 형태로 지급하는 수수료 방식도 택하고 있다. 아무튼 스세권은 역세권만큼이나 중요한 상권이니 참고할 가치가 있겠다.

이밖에 상권의 세력권을 부를 때 사용하는 별칭이 있다. 젊은층이 선호하는 맥도날드가 있다면 맥세권, 장년층 이상이 중요시하는 숲이 있다면 숲세권, 삼성공장이 가까울수록 집값이 비싸다고 해서 붙여진 삼세권 등이 있다.

지역적 상승의 가장 중요한 요소는 교통

종류별 지역적 상승 요인

1) 교통수단의 발달 : 지하철역 개통, 다리 건설, 터널 개통, (공용)주차장 신설.

2) 배후 세대 변화 : 재개발, 재건축, 세대수 증가, 소비력 증가.

3) 대형 빌딩 신축 : 대학교, 대형 호텔, 대기업 사옥, 대형 쇼핑몰 신축.

4) 미디어 노출 빈도 : 방송, 포털사이트, SNS 등을 통해 추천 여행지, 맛집 등으로 소개.

5) 외국인 유입 : 한류 열풍, 관광 명소, 이벤트 행사 등

부동산 개발로 해당 지역이 좋아지는 것은 당연하다. 수요가 발생하고, 사람이 몰리고, 자연스럽게 가격이 오른다. 가장 대표적인 지역적 상승 요인은 지하철 개통, 다리 건설, 터널개통, (공용)주차장 신설과 같은 교통 인프라가 개발되는 것이다. 상점의 수와 규모에 비해 유입 인구

가 많아지면 상권이 커지는 것인데 그 중요한 전환점이 바로 교통 개발이다.

비근한 예로 지난 2018년 12월 서울 지하철 9호선 3단계 구간이 개통되면서 9호선 공사가 모두 마무리되었다. 잠실종합운동장과 보훈병원을 잇는 구간에 역이 8개 들어섰는데, 계획 발표에서 개통까지 15년이 걸리는 사이 주변 부동산 시세가 뛰어 올랐다.

장기적인 부동산 개발 기간 중 가격이 상승하는 시기를 시점별로 나누어보면, 처음으로 가격이 오르는 시기는 당연히 계획을 발표할 때로써 이때 상승률이 가장 크다. 본격적으로 가격이 오르기 전이라 투입 가격의 규모가 작아서 이 시점에는 소액투자자도 투자할 수 있다.

많은 수요층의 유입은 공급과 수요의 불균형을 낳고 "그래도 지금이 가장 싸다"는 분위기와 함께 가격이 큰 폭으로 올라간다. 미래의 막연한 변화에 모든 것을 건 시기라 불안한 터라 이 시점에 '거품'이라는 단어도 많이 나온다.

가격이 오르는 두 번째 시기는 개통 전이다. 주변 지역 주민과 상인들은 개통을 앞두고 여러 이슈를 쏟아낸다. 언론이 자주 이 이슈들을 다루면서 많은 사람들이 다시 관심을 가지게 되고, 그 결과 오랜 공사 기간 동안 잠자던 가격이 다시 상승한다.

세 번째는 개통 후 적당히 시간이 지나고 난 다음이다. 그런데 이때부터는 막연한 기대치보다 현실의 임대료를 반영한 상승이라서 기존의 막연한 기대에 의한 가격 상승과는 다르다. 실현 수익(임대료 실수령액)이 곧바로 판단의 기준이 된다. 해당 역 또는 노선에 실제로 어떤 변화가 있는지에 따라 가격이 오르기도 하고 내리기도 한다. 기대만큼 변화가 많고 유동 인구가 몰리면 가격이 상승하고 그렇지 못하면 가격이 하락하거나 정체된다.

부동산 개발과 함께 투자하려고 한다면 개발의 내용과 규모, 완공까지 걸리는 시간, 비용 등 종합적인 것을 고려해서 투자를 결정해야 한다. 투자에서 가장 중요한 것은 들어갈 때보다 빠져 나올 때라는 것을 잊지 말아야 한다.

하나의 예를 더 들어보자. 은평구의 대표적 상권 중 하나가 연신내 상권이다. 인근에 구파발 뉴타운이 생겨나면서 조금 시들해지기는 했지만 여전히 불광, 갈현, 응암동 등 근거리에 있는 주택가를 아우르는 전통의 강호라고 할 수 있다.

그 이유는 첫째, 오랫동안 거주하는 상주인구가 많은 지역이기 때문이다. 은평구는 다른 구에 비해 집값이 상대적으로 저렴해서 한번 이사를 온 사람이 좀처럼 나가지 않는 곳이다. 그러다 보니 인근에서 초중고를 함께 다닌 터줏대감들이 많다. 이처럼 이동한계 범위 안에 있는 고객이 많은 만큼 상권의 세력은 더 커지고, 그 결과 상점은 더 늘어나고 또 다양한 상점이 많아진 만큼 다시 더 많은 고객을 흡수하면서 상권이 확장되는 선순환 구조를 형성했던 것이다. 새로운 상점보다는 연서시장을 비롯, 오랜 기간 영업하고 있는 단골 상점들이 많은 것이 특징이다.

둘째, 교통의 편리함이다. 지하철 3호선과 6호선, 그리고 다양한 버스 노선이 통과하는 연신내는 사통팔달 지역이 되면서 상권이 커질 수 있었다. 대대로 상권 형성의 가장 중요한 요소는 교통 발달이었다. 타

지역의 고객을 유인할 수 있는 가장 확실한 방법이기 때문이다. 언제나 지하철이 개통하면 사람들이 몰리고, 장사하려는 사람들 역시 많아지면서 상점에 권리금이 붙고는 했다.

하지만 시대가 달라지면서 상권의 생성과 소멸 과정에도 변화가 생겼다. 우선 서울 시내 곳곳에 지하철역이 생기면서 역세권의 의미가 퇴색했다. 고객이 매장을 찾아갈 수 있는 거리의 한계치, 소비의 의지가 있는 도달 거리도 그만큼 짧아진 것이다(그마저도 출구마다 세력이 다르다). 그리고 SNS의 영향을 무시할 수 없는 시대가 되었다.

상권 좌우하는
SNS의 위력

이면 도로의 상권이 뜨고 있다

대로변 빌딩을 매입할 능력이 안 된다면 폭이 8~12m인 곧은 이면 도로와 맞닿은 빌딩을 눈여겨보아야 한다. 이제는 위치보다 마케팅이 더 중요한 시대인 만큼 남들이 잘 주목하지 않아 상대적으로 저렴한 빌딩을 매입해 똑똑하게 키우는 것도 현명한 방법이다. 구체적으로는 똑똑한 임차인을 통해 건물의 가치를 키우는 방법이다.

1990년대 초까지만 해도 데이트를 하려면 어쩔 수 없이 전철이나 버스를 타고 명동의 미도파 백화점이나 강남역 뉴욕제과, 압구정 로데오 거리까지 가야만 했다. 한두 시간씩 투자해서 가더라도 후회가 없는 최고의 상권이었기 때문이다.

하지만 이제는 그렇게 발품을 파는 고객은 없다. 꼭 명동이나 강남이 아니어도 맛집과 멋집이 곳곳에 깔려있다. SNS을 통해 쉽게 찾아낼 수 있는 곳이 널려 있어 "강남역 주변에 술집이 많다. 일단 만나서 아무

▶우수 상권의 조건

도로너비	1. 8m~12m 도로인 경우 차도와 인도의 구분이 없어 횡단보도가 없는 곳. 상점 앞에 불법주차가 가능한 곳. 2. 15m 이상인 경우 횡단보도는 있으나 신호등이 없어서 무단횡단이 가능한 곳. 3. 50m 이상인 경우 대로변은 양쪽이 단절되어 좋지 않다.
도로상태	1. 초입에서 끝이 보이는 곧은 길. 핵심 도로를 기준으로 바둑판 모양인 곳. 2. 1층 양쪽으로 입점이 가능한 건물. 이 경우 필로티 구조는 좋지 않다. 3. 차보다 사람이 우선인 도로로서 쉽게 이동이 가능해 쇼핑, 집객 등이 용이한 곳.
경사도	1. 내리막길 등의 경사가 있는 곳보다는 경사도가 낮은 평지가 상권의 확산 속도가 빠르다.
교통상황	1. 상권이 확장되는 반대쪽에 역이 있는 곳. 들어온 길 있으면 나갈 길도 있어야 하기 때문이다. 이런 지역이 유동 인구가 많다. 2. 진입도로가 여러 곳인 사통팔달길. 3. 손쉽게 주차가 가능한 지역. 4. 상권의 단계에 따른 진입 시 이용 교통 수단의 변화(도보 → 자가운전 → 일반버스 → 지하철 → 광역버스, KTX, SRT → 비행기)
주변상황	신축, 리모델링한 빌딩이 많은 곳일수록 고급 임차인이 입주한 경우가 많아 임대료 상승이 용이하다.

곳에나 가자"라는 말은 구시대의 유물이 되어버렸다.

인터넷이 없었던 과거에는 역세권이나 대로변 빌딩의 상권이 주인 공이었다. 하지만 최근에는 스마트폰과 SNS로 인해 상권 형성의 추세가 많이 달라졌다. 지금의 젊은 소비자들은 골목이나 이면 도로의 개성 있는 매장을 어떻게든 찾아서 순례한다. 대로변 프랜차이즈 카페의 번잡함을 피해 뒷골목의 아담한 곳을 찾는 젊은이들도 매우 많다.

예를 들어 #핸섬한 #바리스타 #드립커피 #나만알고싶은 #○○동 #작은골목가게 #핵인싸 같은 해시태그가 SNS을 장식하기 시작하면 카페 옆으로 동네빵집이 들어오고, 앞 건물에 공방이 들어선다. 이른바 테마가 있는 골목길 상권이 형성되는 것이다. 이런 경우 당장은 공실로 남겨

두더라도 똑똑한 임차인을 구하는 게 정답이다.

도로의 너비와 형태 등에 따른 우수 상권의 조건은 표를 참고하라.

[tip] 위치와 상품에 따른 상가 유형 : 뭉쳐야 살고 혹은 흩어져야 살고

상가는 그 위치에 따라 집심성(集心性) 상가, 집재성(集在性) 상가, 산재성(散在性) 상가로 나눌 수 있다.

집심성 상가란 백화점, 고급 음식점, 영화관, 주얼리숍 등으로 도심이나 배후지의 중심부에 위치해 있어야 유리한 유형이다. 이 유형은 재화의 도달 범위가 길어 상권의 흡입력이 크다고 할 수 있다.

집재성 상가란 동종 업종의 상가가 한곳에 모이면 유리한 유형이다. 가구점, 공구상가, 전자상가, 금융회사 등이 이에 속한다. 주로 소비자 입장에서 비교해서 구입이 가능하도록 상품을 판매하고 있다.

산재성 상가란 편의점, 카페, 제과점, 미장원, 세탁소 등으로서 흩어져있어야 유리한 유형이다. 재화의 도달 범위가 짧고 대체로 점포의 수가 많은 편이다.

또한 상가는 판매하는 상품, 소비자가 구매하는 습관에 따라 편의품점, 선매품점, 전문품점으로 나눌 수 있다.

편의품점은 생필품을 판매하는 상가로 거리보다 접근성이 중요하다. 주 고객은 주부라서 도보로 10~20분 거리 안에 있어야 좋

237

다. 다른 상품에 비해 이윤율이 낮고, 저가의 물품이 주종을 이룬다. 서로 거리를 유지하는 산재성 상가의 유형이 많다.

선매품점은 고객이 상품의 가격, 스타일, 품질 등을 여러 상점을 통해 비교해서 우수한 물품을 구매하는 상가로 비표준화된 물품을 주로 판매한다. 전문품점보다 가격과 마진율이 낮은 편으로 가구, 여성의류, 주얼리숍 등이 있다.

전문품점은 특수층의 소비자를 대상으로 물품을 판매하는데 교통이 편리한 곳이라면 거리에는 큰 영향이 없는 상가들이다. 주로 단골 위주의 장사를 하며, 자금의 유보율이 크고 판매액 대비 이윤율이 가장 높다. 고급 양복, 고급 향수, 고급 시계, 고급 카메라, 고급 자동차 등이 이에 속한다. 구매 빈도는 낮지만 점포 마진율이 좋은 편이다. 중심가에 집중되어 있고, 집심성 상가의 유형이 많다.

처음 자영업을 하려는 사람들이 주로 하는 실수 중 하나가 위치부터 정하고 업종을 선택하는 것이다. 예를 들어 주변에 PC방이 없는 지역이라고 해서 PC방 창업을 하고는 하는데, 이는 바람직하지 않다. 자신이 잘 아는 업종을 먼저 창업 아이템으로 정한 후 위치를 찾는 것이 좋다. 앞서 언급한 것처럼 아침저녁으로, 주말 주중 할 것 없이 임차인의 눈으로 매입할 빌딩을 찾아야 한다. 또한 빌딩을 매입하려는 예비 건물주라면 점찍은 빌딩에 입점한 임차인의 포트폴리오를 보면서 미래를 그려보는 것도 좋다.

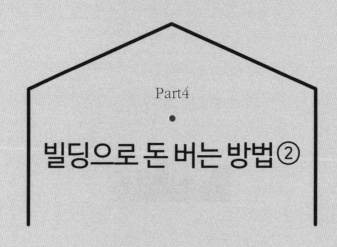

Part4

·

빌딩으로 돈 버는 방법②

개별적 상승 요인

전문 중개사의 조언, 현장을 확인하는 임장활동에 따라 잘 아는 지역 또는 많이 노출되는 지역의 빌딩을 매입했다면 그 다음은 빌딩의 가치를 높이는 작업을 할 차례다. 그래야 원하는 수익을 얻을 수 있다.

빌딩 투자의 성공 포인트 중 '잘 매입하는 것'이 중요하지만 '잘 관리하는 것'도 못지않게 중요하다. 투자할 욕심이 생기도록 누구나 갖고 싶은 빌딩을 만들어야 하는 것이다. Part4에서는 이 방법을 알아본다.

앞서 언급한 것처럼 건축물로 임대 수익을 얻고, 토지로 자본 수익을 얻게 된다. 임대 수익이란 월세를 말하는 것이고, 자본 수익이란 지가 상승으로 얻게 되는 양도 차익을 말한다. 이 둘을 합친 것이 바로 빌딩의 투자 수익이다.

투자 수익은 다시 개별적 상승 요인과 지역적 상승 요인으로 극대화되어 요구 수익을 달성하게 된다. 빌딩의 요구 수익을 비율로 알아보면 유형자산에서 나오는 임대 수익(개별적 요인) 30%, 자본 수익(지역적 요인) 50%와 무형자산에서 나오는 사전 증여를 통한 세테크 10%, 대출 등으로 얻는 레버리지 효과 10%, 무난한 계약을 전제로 한 기본값 0% 등으로 구성된다.

앞서 Part3에서는 인근에 지하철역이나 공원이 들어서는 등 지역의 지속적 변화로 임차인이 바뀌고, 그 결과로 임대료 상승 및 추격 매수가 이어지면서 가격이 상승하는 지역적 상승 요인에 대해 알아보았다. 이는 자신의 노력과 상관없이 주변 상권이 활성화되어 지가 상승이 이루어지는 것이다.

하지만 Part4에서 다룰 개별적 상승 요인은 건물주의 노력에 성패가 달렸다고 할 수 있다. 리모델링, 신축, 증개축, 용도변경 등으로 건축물이 물리적으로 개선되어 임차인이 새롭게 변경되고, 그 결과 임대료 상승 및 추격 매수가 이어지면서 빌딩의 가치가 상승하는 경우이기 때문이다.

하지만 지방에서는 개발의 여지가 거의 없기 때문에 지역적 상승 요인을 찾아보기가 어렵다. 따라서 개별적 상승 요인으로 양도 차익을 노려야 한다. 그런데 이마저도 한계가 있다. 다시 말해 지방에서는 빌딩 매매를 통해 양도 차익을 얻기가 쉽지 않다.

건물의 가치,
직접 만들어서 키워라

앞서 여러 번 언급한 것처럼 빌딩은 단순한 콘크리트 덩어리가 아니다. 하나의 생물이다. 곡식이 농부의 발자국 소리를 듣고 자라는 것처럼 빌딩도 주인의 사랑을 통해 가치가 커질 수도 있고 그 반대가 될 수도 있다. 아무도 건물주를 대신해서 빌딩의 가치를 높여주지 않는다는 점은 꼭 명심해야 한다. 주인이 등한시하면 빌딩의 얼굴이 어두워지고 속은 썩어간다. 감가상각의 늪에 빠져 허우적거리게 된다.

상담을 하다 보면 급매물, 좋은 물건, 가격이 많이 오를 물건을 추천해달라는 고객들이 대부분이다. 사실 똑 떨어지는 정답은 없다. 그냥 사면 된다. 가격이 많이 오를 물건을 사면 된다. 설명이 좀 불친절한가? 그렇다면 이렇게 이야기해보겠다.

매입 당시에는 그 빌딩의 가치가 앞으로 오를 것인지 떨어질 것인지 그 누구도 알 수가 없다. 따라서 좀 비싼 것 같더라도 마음에 들면 결정해야 한다. 입지가 좀 안 좋아 보이더라도 마음이 끌리면 사야 한다. 왜냐하면 빌딩은 살 때보다 팔 때가 더 중요하기 때문이다. 팔 때 잘 팔아야 성공한 투자라고 할 수 있다. 이 역시 좀 불친절한 설명인가? 그렇다면 어떻게 팔라는 말이냐고 되물을 수 있다.

정답은 개인적으로 마음에 드는 물건을 사고, 보유하고 있는 동안 관리를 잘 해서 가치가 있는 빌딩으로 만든 다음, 팔 때 제값을 받고 팔라는 것이다. 이것이 빌딩 매매의 처음과 끝이다.

빌딩 투자의 성패는 매도 시점에 판가름이 난다. 그러니 적당히 80점 정도 되는 빌딩을 만났으면 망설이지 말고 매입해야 한다. 90점이나 100점짜리를 찾으러 다니다가 결국은 70점짜리를 사는 우를 범할 수도 있다. 이래서 빌딩을 매입하는 게 맞선과 비슷하다는 것이다.

필자가 이런 식으로 설명하면 지금까지 그렇게 상담하는 컨설턴트는 없었다는 반응이 대부분이다. 틀린 말이 아니다. 필자는 다른 중개인과 달리 좀 길게 보는 편이다. 이번 한 건의 계약을 끝으로 다시는 안 볼 사이라고 생각하지 않는다. 그래서 팔 때도 필자가 중개할 수 있는 물건을 브리핑한다.

그냥 적당히 양쪽의 니즈를 절충한 다음 중개수수료만 받으면 된다. 하지만 필자는 그렇게 하지 않는다. 매수자가 시간이 흐른 후 매도할 때, 그때까지도 필자는 역할을 해야 한다. 그 고객이 해당 빌딩을 팔고 다른 빌딩으로 갈아탈 때도 책임지고 중개하겠다는 마음가짐을 갖고 있다.

서론이 길었다. 80점짜리 빌딩을 사서 100점짜리 건물을 만드는 방법은 몇 가지가 있다. 우선 수익용 부동산이기 때문에 임대료를 올리면 그 부동산의 가치가 자연스럽게 올라간다.

임대료를 올리기 위해 용도변경을 해서 임차인을 바꾸는 방법이 있을 수 있다. 주택을 사무실이나 상가로 바꾸어 임차인을 새롭게 구성하는 것이다. 요즘 흔히 접할 수 있는 사례가 단독주택을 카페 등으로 변경해 골목상권의 명소로 탈바꿈시키는 것이다. 이때 중요한 것이 1층 임차인이다. 빌딩의 얼굴이 달라지면 전체가 달리 보일 수 있기 때문이다.

또는 고층부의 주택을 상가나 사무실로 바꾸는 경우다. 이것은 주변의 상권이 형성된 다음의 이야기다. 변수는 엘리베이터가 있어야 한다는 사실이다. 엘리베이터가 없다면 꼭 설치해야 한다. 요즘은 3층 이상을 걸어서 올라가는 고객들은 거의 없다.

리모델링과 신축을 통한 건물의 가치 상승

엘리베이터 설치는 자연스럽게 리모델링을 전제로 추진해야 한다. 리모델링을 한 후 새로운 임차인과 임대차계약을 맺으면서 임대료를 개선하는 것도 빌딩의 가치를 높이는 방법 중 하나다.

리모델링을 할 때 기존 면적의 증감 없이 외형과 내부만 공사하는 경우도 있지만 건폐율과 용적률에 여유가 있다면 증축을 검토해보아야 한다. 건폐율에 여유가 있다면 수평 증축을, 용적률에 여유가 있다면 수직 증축을 할 수 있다.

기존 면적 그대로 리모델링만 하는 경우와는 다르게 증축은 면적을 늘리는 것이다. 그래서 늘어나는 면적에 맞게 주차 대수를 확보해야 한다. 실제 증축할 때 제일 큰 걸림돌이 추가되는 주차 대수의 확보다. 자주식을 기계식으로 바꾸고 건축물의 일부분을 줄이면서까지 주차 대수를 확보하는 사례도 종종 있다.

수평 증축을 할 때는 줄어드는 조경 면적을 고려해야 하고 수직 증축을 할 때는 높이제한이나 일조권 사선제한이 적용되는지를 검토해야 한다. 이외에 건축법의 다른 규정이 적용되는지도 엄밀히 검토한 후에 판단해야 한다.

그 다음으로는 기존 빌딩을 멸실하고 신축하는 경우다. 이는 가장 높은 임대료 상승을 실현하는 방법이라서 잘만 짓는다면 많은 양도 차익을 얻을 수 있다. 이렇게 꼬마빌딩을 신축한 후 임대자를 모집해 빌딩 전체를 매각하는 일을 본업으로 하는 투자자들이 수두룩하다. 필자의 고객들 중에도 많다. 이들은 공사 기간 중에는 너무 많은 신경을 써서 10년씩 늙는다고 토로한다.

신축은 이처럼 신경 써야 할 요소들이 많고 공사 기간이 길며 공사비도 많이 든다. 그와 함께 사업의 리스크가 크고 고려해야 할 것들이 많다. 필자의 개인적인 생각인데 신축은 최소한 리모델링 경험이 있는 투자자가 하는 게 좋을 것 같다.

우리는 '정보의 홍수' 시대에 살고 있다. 어느 지역이 핫플레이스인지 시세가 어떻게 되는지 검색 한 번이면 누구나 쉽게 알 수 있다. 그래서 뜨는 지역을 매입할 때는 경쟁이 더 치열하다. 이렇게 주변 상권 등이 변해서 가격이 오르는 것에 약간의 노력을 더하고 빌딩을 손보면 투자 수익을 더 올릴 수 있다. 이게 바로 리모델링이다. 더 많은 양도 차익과 손쉬운 매도를 위해 리모델링만큼 좋은 수단도 없다.

원빌딩 사옥의 리모델링 사례

현재 원빌딩이 사업장으로 사용하고 있는 강남구 신사동 소재의 두 빌딩 중 1관의 환골탈태가 리모델링의 좋은 예로 꼽을 만하다. 원빌딩 1관은 2008년도에 매입한 후 2009년 2월에 엘리베이터를 신설하는 리모델링을 했다.

완공 후에는 원빌딩이 입주해 사옥으로 사용하고 있다. 1층은 작은 커피숍에 임대를 주었고, 2층과 4층은 고객을 위한 미팅 공간 및 계약실로 사용하고 있다. 지하층은 전 직원 회의 및 교육을 위한 공간이고, 3층과 5층은 사무 공간으로 사용하고 있다. 2관은 리모델링 없이 매입 후 바로 입주했으며 직원들의 사무 공간으로 사용하고 있다.

1관의 리모델링에 관한 내용을 간략하게 표로 정리하면 아래와 같다.

내용	비용/기간	비고
비용	총 견적:2억 5천만 원 (EV신규설치 7천만 원 별도)	1층을 제외한 전층 시스템 냉온풍기 엘리베이터(지하 1층~지상 4층) 설치 4층 접견실 기본 인테리어 포함 화장실 위치 변경
명도기간	2008년 7월~2008년 11월 [5개월]	지하1층~지상5층까지 임차인 7명 명도
공사 준비기간	2008년 [12월 15일]	업체 선정 및 대수선 허가
공사기간	2008년 12월~2009년 2월 [2개월15일]	기둥과 내력벽을 제외한 전층 공사
특이사항	2008년 7월~2008년 11월 [5개월]	1. 영하 7°이하 시 작업 중지 2. 엘리베이터 신설 (발주 후 2~3개월 소요됨)

대지 면적 187.60m², 연면적 584.63m²인 1관의 경우 지하 1층부터 지상 5층까지 리모델링을 하면서 엘리베이터 설치 등을 포함해 전체 공사비가 3억2천만 원(2억5천만 원+7천만 원)이 들었다. 3.3m²당 시공비가 180만 원으로 10년 전 가격이라고 해도 비교적 저렴하게 공사를 한 것이다. 최근에는 인건비와 자재비가 많이 올라 이보다는 더 들 것 같다.

원빌딩 1관은 1989년도에 완공된 빌딩(249쪽 왼쪽 사진)으로 외부는 타일로 되어있고 내부에는 엘리베이터가 없는 흔히 보는 옛날 건물이었다. 2009년 리모델링(249쪽 오른쪽 사진)을 통해 환골탈태했다.

∷ 외부 공사

1관의 전면부 외벽은 타일이었다. 이 전면부를 모두 철거하고 흔히 커튼월이라고 하는 유리를 붙였다. 유리 색깔도 그렇고 내부가 훤히 드러나는 것 같아 고민을 많이 했다. 그래도 빌딩이 작은 편이라서 밝은 톤의 투명한 유리를 이용해 개방감을 확대시키려고 했다. 결국 연두빛이 나는 투명 유리로 결정했는데 지금 보아도 정말 잘 선택한 것 같다. 내방하는 고객들에게 대지 면적 187.60m², 연면적 584.63m²이라고 이야기하면 깜짝 놀란다.

빌딩이 북향이라서 햇볕이 강하지 않을 줄 알았는데 오후 3~4시가 되면 강한 오후 햇살 때문에 현재는 롤스크린을 설치했다. 내부가 보이는 투명 유리를 원했는데 하얀색의 롤스크린이 있는 게 조금 아쉽다.

빌딩 전면은 노란색 톤의 석재인 샌드스톤(사암석)으로 포인트를 주었다. 샌드스톤은 모래가 굳어서 된 암석으로 소량의 자갈과 점토가 들

리모델링 전 외부 모습(2008년)   리모델링 후 외부 모습(2009년)

어 있다. 이 때문에 강도가 강하지 않아 많이 사용하는 석재는 아니다.

앞서 유리를 선택할 때도 밝은 톤을 찾았던 것처럼 석재도 밝은 색을 원했다. 필자는 꼬마빌딩은 조금이라도 더 크게 보이기 위해서 밝은 색을 사용하는 게 좋다고 생각한다. 석재의 표면은 물갈기(연마) 가공법을 이용해 매끄럽게 마무리했다.

여기서 석재 가공법에 대해 간단하게 설명하면 혹두기(석재의 표면을 거칠고 울퉁불퉁하게 만드는 가공법), 물갈기(물을 사용해서 갈아서 표현을 매끄럽게 만드는 가공법), 버너구이마감(버너로 표면을 거칠게 표현하는 가공법) 등이 있다.

혹두기를 한 석재를 정, 도드락망치, 자귀형의 날망치 등 사용하는 도구에 따라 정다듬, 도드락다듬, 잔다듬 등으로 가공한다. 이는 사용하

249

는 도구에 따라서 석재 표면의 느낌을 다르게 할 수 있기 때문에 가공법이 다양하다. 결국 멋스럽게 돌을 다듬기 위해서 하는 방법이다.

빌딩 옆면은 드라이비트를 사용해 마감했다. 드라이비트 시공은 외벽 시공 중 가장 저렴한 방법의 하나다. 저렴한 만큼 강도가 낮고 열에 약하다. 하지만 시공이 비교적 쉽고 가격이 저렴해 전체 공사비를 감안해서 시공했다.

사실 리모델링 비용에 큰 영향을 주는 것은 외벽이다. 외벽 리모델링을 잘 해두면 매도할 때 한결 쉽다. 그래서 외벽은 자재부터 디자인까지 신경을 많이 써야 한다. 외벽 마감재 중에서 많이 사용하는 자재인 유리, 석재, 금속판넬, 벽돌의 장단점은 다음과 같다.

우선 외벽 자재로 가장 많이 사용하는 유리는 개방감이 좋아 빌딩을 조금 더 크게 보이는 시각적 효과가 있다. 따라서 꼬마빌딩을 리모델링할 때 사용하면 좋다. 중량도 가벼워 건물 하중을 줄여주는 장점이 있다.

하지만 빛이 잘 차단되지 않아 냉난방의 효율성이 떨어지는 단점이 있다. 시청이나 구청 등 적지 않은 관공서들이 개방감과 자연 채광을 살리기 위해 외벽 자재를 유리로 했다가 에너지 효율성이 떨어져 시정 명령을 받은 사례가 있었다. 직사광선을 피하기 위해 어쩔 수 없이 커튼이나 롤스크린을 추가로 시공하면서 비용이 발생할 수 있으니 염두에 두어야 한다.

다음으로 많이 쓰는 자재가 석재, 즉 돌이다. 돌은 대리석, 화강석, 인조석 등 종류가 다양하다. 자재와 시공법에 따라 다양한 느낌을 표현할 수 있다는 점 외에도 가격 대비 가장 견고하고 풍화침식 및 마모에 강하다는 장점이 있다.

하지만 색상이 제한되고 무거워서 건물이 하중을 많이 받기 때문에 가공이 어렵다는 단점도 있다. 그래도 돌이라는 자재가 주는 무게감 덕분에 장엄한 분위기를 연출할 수 있다.

다양한 색깔과 연출을 원한다면 금속판넬을 사용하는 것이 좋다. 금속판넬은 여러 가지 색상을 조합할 수 있어 멋을 내기에 좋다. 금속 자재라서 가공하기가 쉽고 가격도 저렴한 편이다. 유리나 석재에 비해 가벼워 건물 하중도 많이 줄여준다. 이 때문에 기존 빌딩의 상층부를 증축할 때 많이 사용한다. 다만 가벼운 자재라서 외부 충격에 파손되기 쉽다. 빌딩을 견고하게 지탱해야 하는 외벽 자재로서는 치명적인 단점이다. 그 외 단점으로는 화재에 취약하고 오염이 발생하면 지저분해 보인다.

벽돌은 예전부터 많이 사용한 자재인데 벽돌의 크기, 색상 등이 다양해지면서 포인트를 주거나 고급스러운 분위기를 연출하기 위해서 사용하고 있다. 색과 질감이 우수하고 오염이 잘 되지 않는 장점이 있다. 단점은 일정한 색상의 공급이 어렵고, 시공한 후에 떨어지는 경우가 많아 전문적인 시공업체가 해야 한다. 그래서 시공비가 많이 든다.

그 외에 외벽 공사를 할 때 주의해야 할 점은 간판이다. LED간판에 연결할 전선을 미리 뽑아놓고 외벽을 마감하지 않으면 기껏 멋을 낸 외벽에 검정색 전선이 지나가는 볼썽사나운 모습을 보게 된다. 사소한 것 같지만 이처럼 눈에 거슬리는 것도 없다. 간판도 외벽과 같다. 간판을 설치할 자리를 미리 정해놓는 것이 중요하다. 가지런히 간판이 배열된 빌딩이 더 정갈하고 예뻐 보인다. 당연히 누구나 사고 싶은, 가치 있는 빌딩이 되는 것이다. 사실 이는 임차인을 위한 배려라기보다는 내 빌딩을 아끼는 노력이다.

임차인들은 간판을 설치할 마땅한 공간이 없으면 자신의 영업을 위해 무조건 잘 보이는 곳에 달려고 한다. 만일 그 자리가 석재로 마감된 곳이라면 향후 그 임차인이 나갔을 때 문제가 된다. 간판을 떼면 흉한 자국이 남게 되는 것이다. 공실이라는 티를 내는 것은 물론이고 여간 보기 싫은 게 아니다. 이런 작은 것들이 이른바 '관리'라는 단어로서 빌딩의 가치를 올리는 것이다.

:: 내부 공사

계단에 있던 화장실을 각 층의 내부로 옮기고 화장실 자리에 엘리베이터를 설치했다. 엘리베이터는 수직으로 움직이므로 고층부터 저층까지 같은 위치에 활용할 공간이 있는지 확인해야 한다.

엘리베이터는 운행 방식, 허용 인원, 디자인 등이 다양해서 빌딩에 딱

엘리베이터 설치 전

엘리베이터 설치 후

맞는 엘리베이터를 넣도록 해야 한다. 원빌딩 1관의 엘리베이터는 8인 승으로 설치했고 필요 면적은 약 6m² 정도였다.

일단 엘리베이터가 들어설 자리의 구조물을 제거하고 철골(H빔)을 모서리 부분에 설치해 엘리베이터가 좌우로 흔들리지 않게 잡아준다. 그리고 주문 제작한 엘리베이터를 설치하면 된다. 최근 8인승 엘리베이터를 신설하는 데 대략 8천만 원 정도 비용이 소요된다.

공사 전 내부 모습

공사 후 내부 모습

위 사진은 전면의 내부 모습이다. 기존 외벽을 부수고 밖에서 유리를 붙인 형식이라 기존 외벽 두께만큼의 공간이 추가로 생겼다. 이런 공간이 각층에 약 3m² 정도 된다.

공사 전 물탱크실   공사 후 물탱크실

위 사진은 물탱크실의 모습이다. 1989년 완공 당시에는 직수가 안 되어 옥상에 물탱크를 설치하고 상수를 이용했지만 이제는 필요가 없어져 철거했다. 철거 후 공간이 3m² 정도 생겨나 창고로 사용하고 있다. 내부 공사를 하면서 천장에 빌트인으로 시스템 에어컨도 설치했다. 에어컨 배관은 눈에 띄지 않도록 배치했다. 외벽에 에어컨 배관이 보이면 아주 보기 싫다. 최근에는 빌트인 에어컨 정도는 기본이다.

연예인,
그들이 매입하면 달라진다

인기 연예인이 빌딩을 매입하면 주변 빌딩들의 시세가 함께 상승하는 연예인 효과가 발생한다. 일반인들과 달리 빌딩을 감각적으로 리모델링하면서 주변 분위기를 살리고, 또 엔터테인먼트 종사자들이나 팬들이 자주 드나들면서 트렌디한 상업 공간들이 속속 생겨나기 때문이다. 자연스럽게 유동 인구가 늘어나면서 상권이 커지게 되므로 연예인들이 보유한 빌딩 주변의 매물을 찾아보는 것은 괜찮은 투자 전략이다. 일종의 지역적 상승 요인이지만 각각의 사례를 놓고 본다면 개별적 상승 요인이므로 주목할 필요가 있다.

2000년대 초반 엔터테인먼트 업계가 호황을 누릴 당시 꽤 많은 매니지먼트 회사들이 압구정동 로데오 거리는 물론이고 청담동, 신사동, 논현동 등의 단독주택 및 꼬마빌딩을 리모델링해 사옥으로 사용했었다. 당시에도 연예인 효과는 매우 강력했다. 스타크래프트, 일명 연예인 밴을 따라다니는 팬덤이 형성되면서 매니지먼트 회사 주변에는 특색 있는 카페나 레스토랑, 헤어숍, 메이크업숍, 사진이나 음악 관련 스튜디오 등이 속속 생겨났다. 새로운 문화의 거리가 형성되면서 자연스럽게 상권의 가치가 달라졌다.

이후 배용준 씨처럼 소속사보다 수입이 더 많은 연예인들이 독립을 선언하고 직접 회사를 차리면서부터 본격적으로 건물주 연예인들이 생겨나기 시작했다. 박찬호나 이승엽 등의 스포츠 스타들이 뒤를 이었고 이제는 어린 아이돌 스타들까지 그 대열에 속속 합류하고 있는 상황이다. 그리고 이들의 선택지는 거의 대부분 강남권이었다.

여러분이 잘 아는 연예인 건물주 중에서 한 명을 예로 들려고 한다. 배우 소지섭 씨는 실패 사례를 거울삼아 성공한 건물주가 되었다. 필자도 소지섭 씨의 실패와 성공 과정을 지켜보면서 많은 것을 배웠다.

소지섭 씨는 본인이 살고 있는 거주용 부동산 투자는 물론이고 상업용 부동산 투자에서도 성공을 거둔 것으로 유명하다. 무엇보다 실패를 발판으로 삼아 한 단계 한 단계 발전해나가는 행보를 보여서 특별히 언급할 만한 가치가 있다.

시행착오, 그리고 발전을 거듭하는 소지섭의 투자

소지섭 씨의 빌딩 투자는 2011년 5월부터 시작되었다. 첫 번째 투자는 소속사 사옥용으로 매입한 29억 원짜리 빌딩이었다. 위치는 제1종 일반거주지역. 고급 주택이 밀집한 조용하고 한적한 강남구 논현동의 단독주택을 매입했다. 1층의 넓은 자주식 주차장과 쾌적한 주위 환경이

소지섭 씨가 처음 매입한 빌딩의 리모델링 전 모습

소지섭 씨가 처음 매입한 빌딩의 리모델링 후 모습

장점이었다. 이는 아무래도 본인의 조용한 성격과 연관이 있는 선택이었다고 생각된다.

대지 면적 298.8m², 연면적 206.48m², 지하 1층~지상 2층 규모로 대지 3.3m²당 3,208만 원이었다. 당시 인근 시세를 감안해 평가했을 때 적당한 투자였다고 판단된다.

특이한 것은 당시 빌딩을 매입하면서 은행 대출을 이용하지 않고 전액 본인의 자금만으로 매입했다는 점이었다. 직접 사옥으로 사용하기 위해 매입한 후에 내외부 리모델링을 진행했는데 기본적인 빌딩의 외형을 유지한 채 외벽의 마감재와 낡은 창문의 교체만으로도 고급스러운 분위기를 연출했다.

이 빌딩은 7년 동안 사옥으로 사용한 뒤 2018년 9월에 처분했다. 당시 대지 3.3m²당 4,613만 원으로 매도해 보유 기간 동안 대지 3.3m²당 1,405만원이 오른 꼴이었다. 보유 기간 동안 총 상승률은 43.8%. 1년에 6.25%씩 상승했으니 시세 차익 면에서는 다소 아쉬움이 남는 투자라고 할 수 있다. 제1종일반주거지역으로서 주변이 대부분 주거용 빌딩이라서 7년 동안 땅값이 50%도 오르지 못한 것이다. 지역적 상승 요인이 없었던 것이니 당연한 결과다.

제1종일반주거지역은 제2종근생시설 허가가 나지 않는다. 제2종근생시설에는 일반음식점이 포함되어있다. 주거지역으로서 쾌적함을 유지하기 위해 상업 시설의 유입을 법적으로 막아놓은 것이다. 후속 임차인의 유입이 없다는 것은 상권이 발생하지 않는 것이고 추격 매수로도 이어지지 못한다.

결과론이지만 은행 대출을 이용하지 않은 것도 아쉬움이 남는 부분이다. 만일 실제 매입에 사용된 30억 원 외에 50% 정도를 추가로 대출받아 60억 원짜리 청담동 혹은 신사동 빌딩을 매입했다면 7년이라는 기간 동안 최소 1.5배~2배 정도의 시세 차익이 가능했을 것이기 때문이다.

소지섭 씨가 두 번째 매입한 빌딩

물론 사연 없는 매매란 없다. 매입할 당시 글로벌 금융위기를 겪은 지 3년 정도밖에 되지 않아 경기 침체의 리스크가 있었기 때문에 충분히 이해가 가는 투자이기는 하다. 소지섭 씨와 소속사의 입장에서 본다면 빌딩 전체를 사옥으로 사용했을 경우 이자 비용을 고려하지 않을 수 없었을 것이다. 하지만 직접 사용하는 면적을 제외하고 나머지를 임대로 돌렸다면 이자 비용은 충분히 상환할 수 있었을 것이다.

또한 소지섭 씨 입장에서는 규칙적인 수익이 보장되지 않는 연예인이라는 직업의 특성상 안전한 투자를 선택했을 수도 있다. 하지만 그 안전성을 얻는 대신 수익의 일부는 포기해야만 했다.

소지섭 씨가 두 번째 매입한 빌딩은 사옥과 가까운 곳에 위치해 있다.

대지 면적 330.40m², 연면적 276.56m², 지하 1층~지상 2층 규모로 매입 금액은 40억 원(3.3m²당 4천만 원)이었다. 첫 번째 투자와 달리 은행

소지섭 씨가 세 번째 매입한 빌딩

대출을 이용하고 기존 빌딩을 보유한 채 매입했다.

하지만 4년 정도 보유하다가 42억 원에 매도하면서 겨우 2억 2천만 원에 불과한 시세 차익을 올리는데 그치고 말았다. 매입 당시 부담했을 취득세 등 부대 비용을 감안한다면 시세 차익이 거의 없는 실패한 투자였다.

그렇다면 소지섭 씨는 왜 이미 사옥으로 사용하고 있는 빌딩이 있었음에도 불구하고 이 빌딩을 매입했을까? 아마 위치나 빌딩의 외형 등을 고려했을 때 추가로 직접 사용할 목적이었을 것이라 추측된다. 처음 투자한 사옥을 매각하고 이전할 계획이었을 확률도 크다. 만일 그게 아니라 단순히 본인이 잘 아는 지역에 투자 목적으로 추가 매입한 것이라면 잘못된 선택이었다. 특히 제1종일반거주지역에 위치한 빌딩을 또 선택했다는 것은 아쉬움이 남는 부분이다.

소지섭 씨는 두 번의 시행착오 끝에 세 번째 투자에서 수익과 활용 도면에서 성공을 거두었다. 일단 앞에서처럼 주거지역이 아닌 강남에서도 노른자위라고 할 수 있는 테헤란로 대로변에 있는 일반상업지역의 빌딩을 매입했다.

이 빌딩은 코너에 위치해 가시성이 뛰어난 빌딩이었다. 2018년 1월, 293억 원에 매입했다. 대지 면적 342.9m², 연면적 3,312.48m², 지하 3층 ~지상 15층 규모의 대로변 코너 빌딩이다. 매입 당시 보증금 12억 원에 월 임대료 1억 원이 예상되고 연수익률은 4.27%였으니 장기적 투자라는 관점에서 본다면 현명한 선택이었다고 생각된다. 게다가 역삼역과 선릉역 사이, 즉 테헤란로 대로변 사거리 코너이자 한창 대규모 재개발이 진행 중인 구 르네상스호텔 건너편이라 지역적 요인이 좋다고 여겨진다.

구 르네상스호텔은 이지스자산운용과 국민연금이 함께 매입하고, 2조1천억 원을 투자해 최고 36층 높이의 오피스와 5성급 호텔 등 총 2개 동을 짓는 초대형 개발 프로젝트를 통해 프리미엄급 대형 빌딩으로 변신 중이다. 준공은 2021년으로 예정되어 있다. 이처럼 강남의 노른자위 땅으로서 앞으로도 꾸준히 오를 가능성이 높기 때문에 성공한 투자라고 보는 것이다.

주지하다시피, 테헤란로는 강남의 업무 중심지로서 주요 기업들이 밀집해있어 임대수요가 활발한 곳이다. 테헤란로 대로변, 그것도 코너 자리에 300억 원 이하의 신축 빌딩은 거의 남아있지 않은 형국이다. 특히 소지섭 씨가 매입한 빌딩 한 개 층의 바닥 면적은 190m²로 대형 빌딩이 대부분인 테헤란로 빌딩들 사이에서 비교적 활용도가 좋은 편이다. 서울시 조례 기준으로 건폐율이 60%, 용적률이 800%인데 이 빌딩의 경우 각각 59.88%, 798.97%로서 버려지는 공간 없이 잘 설계되었다.

소지섭 씨의 세 번째 투자가 현명했다고 말할 수 있는 또 다른 이유는 과거와 달리 매입 금액의 70% 이상을 대출로 충당하는 등 과감하고 공격적인 투자를 했다는 점이다. 본인 자금 70억 원에 대출 210억 원을 받은 것으로 월 이자가 약 6천만 원에 달할 것으로 추산되지만 월 임대료가 1억 원 정도라 크게 문제는 없어 보인다.

현재 소지섭 씨의 회사는 그가 첫 번째로 매입한 논현동 빌딩에 그대로 입주해있는데 만일 역삼동 빌딩으로 이주한다면 사옥 확보, 임대 수익, 시세 차익 등 세 마리 토끼를 다 잡는 그야말로 탁월한 빌딩 투자가 되는 것이다.

이처럼 소지섭 씨의 투자 행보를 특별히 언급한 이유는 그가 대표적인 투자 유형 세 가지를 보여주었기 때문이다.

첫 번째 투자 유형은 '안전지향형'이었다. 금리 변동의 리스크를 없애기 위해서 본인의 자금만으로 빌딩을 매입했다. 가격도 크게 부담되지 않는 물건이었다. 하지만 임대를 주지 않고 직접 사옥으로 사용했기 때문에 별도의 임대 수익은 전무했다. 안정지향형 투자라서 이익이 거의 없었다는 아쉬움이 남는다. 하지만 리모델링으로 빌딩의 가치를 높인 경험은 좋은 공부가 되었을 것이다.

두 번째 역시 '안전지향형'이지만 레버리지 효과를 보기 위해 은행 대출을 이용했다. 임대 수익이 많이 나오지 않는 빌딩을 30% 정도의 대

▶소지섭 씨의 빌딩 투자 변천사

1차 주소지 : 서울시 강남구 ○○동		
2011년 5월 31일 매입	2018년 9월 21일 매도	보유 기간 약 7년
매입 금액 29억 원	매도 금액 41.7억 원	시세 차익 12.7억 원(세금 별도)
2차 주소지 : 서울시 강남구 ○○동		
2012년 3월 23일 매입	2016년 10월 20일 매도	보유 기간 약 4.5년
매입 금액 40억 원	매도 금액 42.2억 원	시세 차익 2.2억 원(세금 별도)
3차 주소지 : 서울시 강남구 ○○동		
2018년 6월 21일 매입	보유중	보유중
매입 금액 293억 원		

출을 활용해 매입한 것이다. 이 점은 첫 번째 투자와 달리 좋은 선택이었으나 위치와 금액이 아쉬운 케이스였다.

두 번의 투자가 일종의 '로우 리스크 로우 리턴형'이었다면 세 번째 투자는 '하이 리스크 하이 리턴형'이었다. 매입 금액의 70% 이상을 대출로 충당한다는 것은 누구에게나 쉽지 않은 결정이다. 하지만 그에게는 두 번의 매입 경험이 있었다. 책에서 배운 이론이 아니라 현장에서 몸으로 체득한 경험치가 있었기 때문에 과감한 배팅이 가능했을 것이다.

필자는 이 점을 높이 사며 그런 투자를 할 수 있는 자금력을 부러워하고 있다. 필자가 책을 쓰고 있지만 부동산 투자에서 최고의 스승은 산 경험이다. 본인의 자금으로 직접 부딪혀보아야 진정으로 느낄 수 있는 게 부동산 투자다. 만일 그가 네 번째 부동산 투자를 한다면 더 효율적인 투자를 하지 않을까 생각된다.

어쩌다 건물주가 되는 법은 없다. 소지섭 씨처럼 한두 번 시행착오를 겪으면서 공부를 해야 좋은 건물주가 될 수 있다. 리모델링이 빌딩의 가치에 어떤 영향을 끼치는지, 아깝더라도 손절매할 타이밍은 언제인지, 어떤 빌딩으로 갈아탈 것인지, 은행 대출을 이용해서라도 매입할 가치가 있는 빌딩은 어떤 것인지 등을 온몸으로 체득하며 배워야 한다.

이것은 마치 배우가 시나리오 단계에서 영화를 고르는 것과 같다. 좋은 영화는 분명 좋은 시나리오에서 나온다. 하지만 좋은 시나리오라고 해서 꼭 좋은 영화가 만들어지는 것은 아니다. 누가 어떻게 연출하느냐에 따라서 결과는 달라진다. 아무도 거들떠보지 않던 나쁜 시나리오가 대박을 치는 영화가 되기도 하는 것이다.

'일조권 사선제한'
북향 빌딩이 더 비싸다?

　개별적 상승 요인을 살필 때 리모델링, 신축, 증개축 등 물리적 개선의 중요성을 언급한 바 있다. 이때 제일 많이 나오는 이야기가 주차장과 일조권 사선제한이다.

　일조권 사선제한이란 준주거지역을 제외한 주거지역에 적용되는 규정이다. 말 그대로 북쪽에 있는 빌딩의 일조권(해를 볼 수 있는 권리)을 보장해주기 위해 남쪽으로 일정 거리를 띄우고 신축하도록 한 규정이다.

　일정 거리가 확보되지 않으면 위로 올라갈수록 가상의 사선을 정해 건축물이 그 사선을 넘지 못하도록 규정하고 있다. 그래서 집은 남향이 좋지만 빌딩은 북향이 좋다는 이야기가 나오는 것이다. 예를 들면 높이 9m 이하인 부분의 경우 1.5m 이상을, 9m 이상인 부분은 건축물 각 부분 높이의 2분의 1 이상을 띄어야 한다. 이런 이유로 3층 이상의 고층 부분이 사선으로 기울어진 빌딩들이 많이 지어지고 있다.

　일조권 사선제한은 임대 수익에 결정적 영향을 끼치고 나아가 빌딩의 가격을 결정하는 중요한 요인이다. 예를 들어 4층짜리 다가구주택을 지을 계획이었는데 일조권 사선제한으로 3층까지만 올릴 수 있다면 그만큼 수익률이 떨어질 수밖에 없다. 특히 신축을 계획하고 있다면 사전에 잘 알아보고 진행해야 한다. 용적률을 다 사용하지 못하는 경우도 많은 편이다.

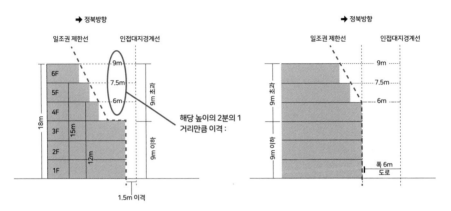

건물 북쪽에 도로가 없는 경우   건물 북쪽이 도로(6m)와 접한 경우

참고로 일조권이 적용되지 않는 경우는 너비 20m 이상의 도로에 접한 대지 상호간에 건축하는 경우, 건축협정구역 안에서 대지 상호간에 건축하는 경우, 건축물의 정북 방향의 인접 대지가 전용 주거지역이나 일반주거지역이 아닌 용도지역에 해당하는 경우 등이다.

빌딩을 매입한 후 가치를 올리기 위해 건축주가 하는 행위 중에서 건축법이 적용되는 대표적인 경우는 다음과 같다.

신축 : 기존 건축물을 철거 또는 멸실한 다음, 건물을 새롭게 축조하는 것이 신축이다. 부속 건축물을 그대로 유지한 채 주 건축물을 새롭게 축조하는 경우도 이에 속한다. 대로변에 접한 옆 건물을 매입한 후 신축하면서 빌딩 전체를 대로변 가격으로 올리는 방법도 있다.

신축 허가 및 승인 절차는 '설계→건축허가 신청→건축허가→시공사 선정→착공 신고→착공→감리(중간검사)→사용검사 신청→사용승인→사용검사 필증교부→소유권 보전등기'의 순서로 진행된다.

증축 : 건축물의 건축 면적, 연면적, 층수(높이)를 늘리는 행위가 이에 속한다. 기존 건축물을 옆이나 위로 늘려 가치를 높이는 것이다.

재축 : 건축물이 천재지변이나 재해로 멸실된 경우 그 대지에 다시 축조하는 행위로서 기존 건축물과 동일한 규모로 축조한다.

개축 : 기존 건축물의 전부 또는 일부분(기둥, 보, 내력벽, 지붕틀 중 세 가지 이상을 포함)을 철거하고 그 대지에 종전과 동일한

규모의 범위 안에서 건축물을 다시 짓는 것이다. 참고로 대수선(大修繕)이란 건축물의 기둥, 보, 내력벽, 주 계단 등의 구조나 외부 형태를 수선·변경하거나 증설하는 것으로 증개축 또는 재축에 해당되지 않는다.

이전 : 동일한 대지 안에서 다른 위치로 옮기는 것이다.

리모델링 : 건축물의 노후화를 억제하거나 기능을 향상시키기 위해 대수선 또는 증축하는 행위로서 신축의 50% 비용으로 80%의 효과를 얻을 수 있는 방법이다. 기존 면적을 유지하면서 임대 면적을 늘릴 수 있다.

용도변경 : 유사한 구조, 이용 목적, 형태로 분류해 놓은 건축물 용도를 다른 용도로 바꾸는 행위를 말한다.

상대를 만족시키지 못하면
내가 만족할 수 없다

2006년 7월, 원빌딩의 평사원으로 부동산업을 시작했다. 프롤로그에 밝힌 것처럼 20대 시절 갖은 고생을 하다가 번듯한 명함이 필요해서 들어간 회사였다. 필자가 입사할 때 대표와 경리를 포함한 전 직원이 8명인 작은 회사였다. 지금은 팀장 40명과 100여 명의 직원들이 함께 일하고 있는 큰 회사가 되었다.

10년이 넘는 시간 동안 회사는 날로 번창했다. 그 이유는 항상 고객만족을 위해 애써왔기 때문이라고 생각한다.

고객만족? 말이 쉽지 손해 아니면 이익인 거래관계에서 만족하는 결과를 만드는 것은 쉽지 않다. 첨예하게 대립된 니즈를 가진 사람들을 중개하면서 과연 만족이라는 것이 가능할까?

고객만족은 성실함을 통해 축적된, 신뢰할 만한 데이터에서 나온다. 우리 직원들은 항상 현장에서 발로 뛰어다니면서 데이터를 수집한다. 혹한과 혹서의 날씨에도 아랑곳하지 않고 매주 토요일이면 새벽을 깨우러 현장에 나간다. 토요일 새벽은, 차가 막히지 않고 전화가 울리지 않아 답사에 집중하기 좋은 시간이다.

다양한 각도에서 사진을 찍고, 주변 환경을 살피고, 직원이 매물을 직접 확인한다. 이렇게 확인된 매물을 매수자에게 소개한다. 그리고 모든 매물은 금액, 지역, 수익 등 다양한 항목으로 세분화해 원빌딩이 자체개발한 빌딩관리프로그램에 기록하고 분류한다. 이른바 빅데이터 시대를 준비하고 있는 것이다.

매도를 의뢰받은 빌딩을 확인하기 위해서는 적어도 세 번 이상 답사한다. 먼저 전 직원이 신규 매물을 공람한 뒤, 다시 수십여 팀이 본인의 시각으로 답사한다. 해당 빌딩이 매수자의 요구사항에 부합하는지, 1차 조사에서 놓친 부분은 없는지, 확인하고 또 확인한 다음 매수자와 동행해서 답사를 한다.

"내가 사고 싶은 빌딩을 고객에게 소개한다." 이것이 고객만족을 이끌어 내는 중요한 포인트다.

고객의 만족은 입소문으로 이어지면서 더 많은 고객을 유치할 수 있게 된다. 그 상담기록은 데이터로 축적되어 다음 고객에게 제공할 서비스의 질을 높인다. 상담이 자료가 되고, 자료가 다시 양질의 상담으로 이어지는 선순환 구조가 되는 것이다. 이 선순환구조 속에서 고객만족은 극대화되는 것이다.

최근에 매수자들을 만나보면 비슷한 질문을 많이 받는다. 의외로 기초적인 것들이 많다. 만족할만한 답변을 해주다 보니 같은 말을 반복하고 있는 것을 알게 되었다. 이는 아파트 투자자들이 중소형 빌딩으로 투자처를 옮기면서 아파트 투자는 고수이지만 빌딩 투자는 초보인 사람들이 많아졌기 때문이다. 이것이 바로 책을 써야겠다고 결심한 이유다.

지난 15년간 빌딩 중개 업무를 하면서 필자가 직접 중개한 빌딩이 100여 건이 넘는다. 회사 대표의 입장으로 챙긴 매물까지 합치면 그 양은 실로 어마어마하다. 그 과정에서 느낀 직간접 경험, 즉 현장의 목소리를 책에 담기 위해 노력했다.

여기서 그치지 않으려 한다. 책 한 권에 만족하지 않을 생각이다. 빌딩도 나이를 먹는다. 낡은 빌딩에 높은 임대료를 내고 입주할 임차인은 없다. 따라서 본문에 언급한 것처럼 리모델링을 통해 빌딩의 가치를 키워야 한다. 닦고, 조이고, 기름칠하지 않으면 금세 노인 취급을 받게 마련이다.

책도 마찬가지일 거라고 믿는다. 시간이 흐르면 책에 담긴 내용들은 현실성 없는 낡은 이론이 된다. 리모델링을 통해 새로운 정보를 제공해야 한다. 그래야 고객, 즉 독자가 만족한다. 이것이 바로 필자가 1~2년 주기로 개정증보판을 내려는 이유이기도 하다. 노력할 것이다. 어쩌다 베스트셀러란 없으므로.

작년부터 강의도 하고 유튜브에 영상을 올리는 일을 시작했는데 아직은 미미한 수준이다. 앞으로 더 다양한 경로로 투자자들과 만날 생각이다. 그 경험이 선순환이 되어 다음 책에 반영될 것이다. 아니 그렇게 되도록 노력하겠다는 결심을 책의 끄트머리에 적어본다. 꼭 지킬 수 있는 약속이 되도록….

어 쩌 다
건물주란
없   다